Mit Lust und Liebe
PASTA
kochen

Geschichte, Sorten,
Küchenpraxis und Rezepte
aus aller Welt

Pasta – ein weltweiter Erfolg

Wer sie nun erfunden hat, diese fabelhaften Gebilde aus Teig, wird sich wohl nie ganz klären lassen. Waren es die Chinesen, die Araber, die Etrusker im alten Italien, die Italiener selbst? Hat einfach irgendwo auf der Welt der Zufall mitgespielt, dass einmal ein Rest Teig in der Sonne vergessen wurde – der dann zerkleinert und gekocht sich als gut genießbar erwiesen hat? Wir brauchen uns darüber den Kopf nicht weiter zu zerbrechen. Stattdessen dürfen wir uns an den zahllosen Varianten Pasta – oder Nudeln – erfreuen, die in findigen Küchen vieler Länder ersonnen, geknetet, ausgewalzt, gefüllt, probiert, verkostet und abgewandelt wurden und noch werden. Insbesondere die Vielfalt an Formen verblüfft, die sich Pasta- und Nudelfabrikanten immer wieder ausdenken, bevorzugt mit bildlich vergleichenden Namen versehen und geschickt vermarkten. Und weil eben Italiens Küche in vielen, vielen Ländern so bekannt und beliebt ist, sind eine ganze Menge ihrer Produkte recht leicht erhältlich.

Reis mag für mehr Menschen auf der Welt die Basis der Ernährung darstellen als jedes andere Grundnahrungsmittel. Auch Kartoffeln – und ihre zahlreichen botanisch-kulinarisch Verwandten – werden sich auf bald jedem Markt in allen Kontinenten finden lassen. Doch dann spätestens kommt die Nudel, als Getreideprodukt aus ganz wenigen Zutaten gilt auch sie zu Recht als Grundnahrungsmittel.

Diese große Verbreitung kommt all jenen sehr entgegen, die überall „ihre" Leibspeise suchen: Pasta mit mehr oder weniger Sauce, mit Fisch, mit oder zu Fleisch, oder einfach mit Käse bestreut. Man kann für das Drumherum zu Pasta größeren Aufwand treiben oder kleineren. Wer schnelle Küche liebt, kommt an allen erdenklichen Sorten Pasta, an der vorgefertigten Nudel nicht vorbei. Dutzende Beilagen – sei es eine Sauce, ein Pesto, ein Salat – sind ziemlich genau in der Zeit zubereitet, in der das Wasser für die Nudeln kocht und diese garen. Von den gekauften Pasta – abgesehen von manchen Sorten aus Vollkornteig – sind selbst die kernigsten Exemplare in siedendem Wasser in höchstens 12 bis 15 Minuten fertig. Das ist schon eine sehr lange Kochzeit; meistens geht es deutlich schneller.

Pasta in Italien, Chinas Beitrag zur Nudelwelt

Bissfest, also al dente, sollten die Nudeln vor allem italienischer Herkunft, in denen Hartweizengrieß anstatt Mehl verarbeitet ist, noch nach der Zubereitung sein. In den meisten Fällen ist diese gewisse Härte auch die richtige Beschaffenheit für erwachsene Gaumen und gesunde Zähne überall in der Welt. Ganz gleich, ob es sich um Spaghetti, Fettuccine, Fusilli, Farfalle, Vermicelli oder andere unter den zahlreichen phantasievollen Formen handelt. Über dreihundert – manche sagen sogar sechshundert – Arten seien es übrigens in Italien.

Auch für einen Auflauf vorgekochte Makkaroni, Penne oder Rigatoni dürfen nicht zu weich sein, soll das fertige Gericht aus dem Ofen richtig gut schmecken. Hauptaufgabe aller Nudeln ist es, eine möglichst große Oberfläche zu bieten, an der sich der Geschmack der anderen Bestandteile eines vollständigen Mahls entfalten kann: Gemüse, Käse, Fleisch, Fisch, Kräuter, Sahne oder einfach Olivenöl mit Knoblauch und Salz wie bei den Spaghetti aglio e olio.

Schnell könnte sich angesichts dieses Klassikers die Frage stellen, wer hier eigentlich die Hauptrolle spielt, die Nudel oder das Drumherum. Eines ist sicher: Kein Bestandteil kommt ohne den anderen aus. „Nackte" Nudeln brauchen wenigstens ein Minimum an Gewürz in Form von Käse, Sauce oder Pesto, damit sie munden. Wir kommen der Lösung der Frage näher, wenn wir die jeweilige Menge an Beigaben betrachten, die in den einzelnen Ländern üblich sind. Manche Schwaben sind erst dann glücklich, wenn die Spätzle in der Soß' richtig schwimmen. Weich werden sie so bestimmt, ja sogar etwas „labberig" oder „lätschig".

Pasta – ein weltweiter Erfolg

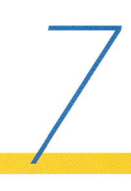

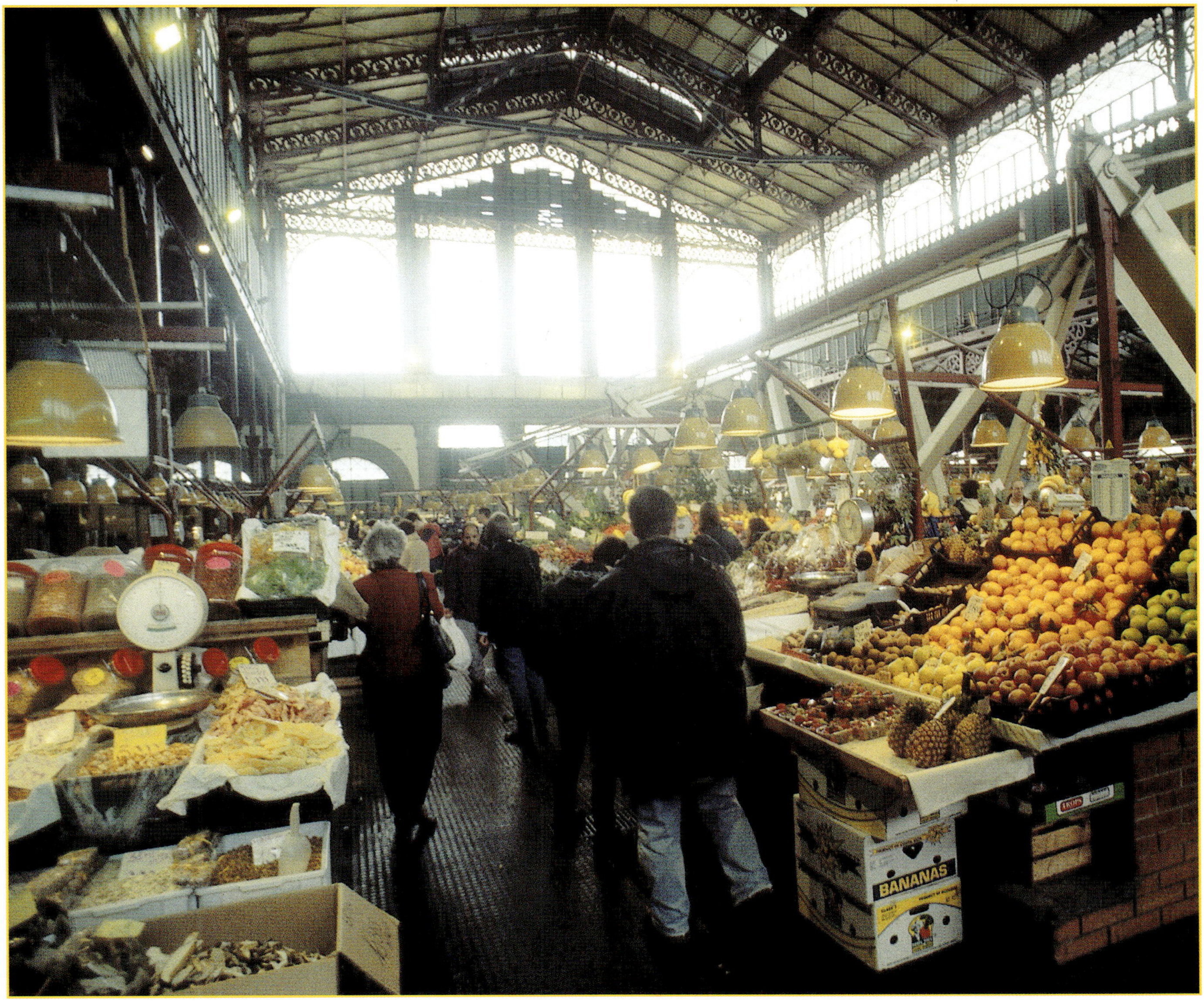

Ganz anders in Italien: Pasta und ihre Güte stehen dort eindeutig im Mittelpunkt. Nur ein kleiner Klecks von gut gewürztem *Sugo* oder *Pesto* dazu, alles nach flottem Dreh der Gabel schnell vermischt, so genießt man Nudeln häufig in dem Land, das zu Recht als die Nudelnation Nummer eins genannt wird. Vielleicht sind ja anderswo manche einzelne Regionen den Italienern auf den Fersen, was den Konsum an Teigwaren betrifft.

Springen wir nach China oder in andere Länder Asiens: Man verwendet dort alle Grundstoffe, die sich neben dem Weizenmehl oder Hartweizengrieß eignen – Mungobohnen-, Reis- und Buchweizenmehl oder auch Kartoffelstärke. Was daraus entsteht, sind ungeheuer lange und dünne Nudeln, und die Vielfalt an Zubereitungen in den verschiedenen Regionalküchen Chinas steht der in Italien nicht nach. Einige finden Sie im Rezeptteil dieses Buchs.

Das umfangreiche Angebot gut sortierter Markthallen hält alles bereit, was gute Pastagerichte perfekt abrundet. Noch besser, wenn sich sogar ein Stand mit frisch zubereiteten Nudeln findet.

$\mathcal{8}$ Pasta – ein weltweiter Erfolg

Nudeln selbst gemacht

Viele Feinschmecker schwören auf selbst gemachte Pasta oder Nudeln – nicht nur die aus dem italienischen Restaurant. Lassen Sie sich nicht davon abhalten, sie einmal selbst herzustellen: Es ist leichter, als Sie denken. Die wenigen Zutaten müssen gut sein und sorgfältig verarbeitet werden. Gelingt die Konsistenz des Teiges nicht auf Anhieb, so lässt sich immer noch während der Zubereitung nachbessern: durch Zugabe von Wasser, Mehl oder Hartweizengrieß, Öl oder auch Ei. Demzufolge beginnt der Rezeptteil mit bewährten Nudel-Grundrezepten aus der Schweiz, aus Italien und Schwaben.

Berühmt ist eine gängige Deutung, wie die schwäbischen Maultaschen ersonnen wurden: Man wollte so in der Fastenzeit verbergen, dass in Wirklichkeit eine gehörige Menge Fleisch in fein zerkleinerter Form im dünnen Teigmantel steckt. Hätte die gestrenge Geistlichkeit schon damals gesehen, was man heute alles an schmackhaften, würzigen Füllmassen ganz ohne Fleisch mischen kann, so wäre die trickreiche Erfindung vielleicht nie gemacht worden.

Jeder Nudelteig lässt sich zu Taschen oder Beutelchen formen, in denen wiederum als Füllung alles Denkbare Platz findet: Frischkäse mit Kräutern, Gemüse mit Käse, Hackfleisch mit Spinat – oder in kühner Abwandlung von Gewohntem auch einmal Süßes aus Quark, frischem Obst oder Trockenfrüchten. Wie diese gefüllten Teigbeutel oder -taschen dann auch heißen, hängt von ihrer Herkunft ab: Wir haben hier beispielsweise aus dem Fernen oder Nahen Osten, aus Osteuropa, aus Italien, aus Tirol und aus Schwaben gängige und weniger gängige Köstlichkeiten zusammengesucht. Alle diese Zubereitungen haben eines gemein: Der Teig wird frisch zubereitet, ruht mehr oder weniger lang, bekommt die gewünschte Form verpasst und wird dann mit der ebenfalls frischen Füllung versehen. Scheuen Sie sich auch davor nicht. Denn eines ist gewiss: Über selbst bereitete, butterzarte Ravioli, Tortellini, Schlutzkrapfen oder Maultaschen geht einem echten Pasta-Fan kaum etwas.

Natürlich stellen derlei Rezepte etwas höhere Anforderungen an Ihre Küchenfertigkeiten als das Kochen eines Pfunds Spaghetti, solange Sie einen grünen Salat zubereiten. Umso besser, wenn es dann in spätestens dem zweiten oder dritten Anlauf perfekt gelingt, die gefüllten Teiggebilde unversehrt aus dem Siedewasser zu heben.

Wer Zeit hat, auf das fertige Gericht zu warten, bereitet sich vielleicht einen Auflauf. Wie alle Aufläufe erfordert einer mit Teigwaren kaum mehr Vor- und Zubereitungszeit für alles, was dort hineingehört. Zudem ist bekannt, dass sich manche ganz einfache Reste in erstaunliche kulinarische Leckerbissen verwandeln lassen, sobald sie mit leichter Hand zu einem Auflauf zusammengesetzt oder -gemischt werden. So wird außer den wenigen Minuten Garzeit für die Nudeln grob gerechnet noch einmal zwischen knapp einer halben bis höchstens einer ganzen Stunde Zeit im Backofen benötigt, ehe alles gar ist.

Wer die Techniken der Teigherstellung und das Spätzleschaben oder Raviolifüllen beherrscht, hat einen küchentechnischen Vorteil. Andererseits kann man sich in dem breiten Angebot an handelsüblichen Nudeln fast alles aussuchen, was das Herz begehrt. Oder Sie gehen zu einem Bäcker, der meist an bestimmten Tagen in der Woche Nudelteig verkauft, der dann zu Hause selbst weiterverarbeitet werden kann. Es gibt aber auch handwerkliche Nudelhersteller, die oft mehrere Arten Nudeln frisch anbieten. Nicht nur in Italien, auch in anderen Ländern finden sich derlei Läden immer häufiger, und manche Feinkostgeschäfte oder entsprechend gut sortierte Supermärkte können solch eine Auswahl an Frischteigwaren ebenfalls bieten.

Nudeln sind gesund!

In Maßen genossen, machen Nudeln entgegen einem alten Vorurteil niemals dick. Besonders dann, wenn Sie sich den ballaststoffreicheren, noch besser sättigenden Vollkornnudeln zuwenden. Die gibt es auch aus anderem als Weizenmehl.

In jedem Fall enthalten die Teigwaren neben hochwertigem Eiweiß allerlei Mineralstoffe und Vitamine und vor allem – jede Menge Kohlenhydrate. Diese sind unsere wichtigsten Lieferanten für kurz- und mittelfristig abrufbare Energie. Wer also viel davon braucht, weil am nächsten Tag ein Marathonlauf oder ein Triathlon ansteht, tut gut daran, am Abend zuvor bergeweise Spaghetti oder Spätzle zu essen. Natürlich mit Zutaten, die nicht zu schwer im Magen liegen. Oder sollte es etwa falsch sein, wenn die Fahrer der Tour de France, einem der härtesten Radrennen der Welt, Tag für Tag ihre auf drei Wochen höchste Dauerleistung geeichten Körper mit vielen Nudeln versorgen? Neben Müsli, Obst, Salaten und leichten anderen Speisen natürlich.

Sie dürfen auch dann ordentlich zulangen, wenn Sie „nur" einen zweistündigen flotten Spaziergang machen wollen. – Allerdings, wenn Sie als normaler Büromensch mit vielleicht 2000 bis 2500 kcal Tagesbedarf jeden Tag so viele Nudeln essen wie Radrennfahrerinnen und -fahrer, die rund das Dreifache verheizen, dann kann eine Gewichtszunahme nicht ausbleiben.

Tipps zur Zubereitung

Eine wichtige Regel lautet: Die Gäste warten auf die Pasta, nicht die Pasta auf die Gäste. Denn außer in kühlen Salaten schmecken abgekühlte Nudeln einfach nicht gut. So ist es ratsam, zunächst alle anderen Beilagen wie Saucen oder Salate vor- und zuzubereiten, ehe man ans Nudelkochen geht: Dazu muss der Topf groß genug sein, etwa 3 bis 4 Liter Wasser für 400 Gramm Nudeln fassen (oder entsprechend weniger beim Faktor 10). Etwa 2 Esslöffel Salz sind für diese Wassermenge nötig, das Salzwasser wird zum sprudelnden Kochen gebracht, wer will, fügt 1 bis 2 Esslöffel Öl bei, die Nudeln kommen hinein, der Topf bleibt offen, die Hitze kann so weit zurückgeschaltet werden, dass das Wasser die wenigen Minuten Garzeit nur noch schwach sprudelt. Dies gilt für alle Arten Nudeln, auch Vollkornnudeln. Allein Instantnudeln werden durch Ziehen in nur heißem Wasser gar.

Eine andere Art, Teigwaren vor dem Zusammenkleben zu bewahren, geht so: Die ohne Öl, nur mit Salz fertig gegarten Nudeln werden unmittelbar nach dem Abgießen im heißen Topf mit einem Stück Butter oder etwas Öl geschwenkt. Dann bekommen sie ebenfalls eine schöne Oberfläche.

In den Rezepten finden sich noch einige weitere Tipps, die den Nudelgenuss zu vergrößern helfen. Probieren Sie einfach alles aus, was Ihnen zusagt, und Sie werden uns – dem Verlag und den Autoren – zustimmen: Mit Nudeln liegt man nie falsch. Die Kleinsten, kaum dass sie sitzen können, mögen sie bereits, und den Ältesten, selbst wenn die meisten Zähne fehlen, schmecken sie immer noch.

Klassisches: Pasta mit Pesto, Sugo oder Ragout

Hausgemachte Tessiner Nudeln

Pasta di Ticino

300 g	Mehl
3	Eier
3 g	(knapp 1 TL) Salz
1 EL	Olivenöl
1 EL	Wasser

Pasta klassisch ohne Ei

150 g	Hartweizengrieß
150 g	Weizenmehl
-	Salz
2 EL	Öl
ca. 1/8 Ltr	temperiertes Wasser

Pasta di Ticino (Foto)

Das Mehl (am besten auf einem Brett) zu einem Kranz formen. Die Eier aufschlagen und mit Salz, Olivenöl und Wasser in die Mitte des Kranzes geben. Das Ganze zu einem festen Teig kneten. In ein Tuch einwickeln und im Kühlschrank etwa 3 Stunden ruhen lassen.

Den Teig dann mit einem Nudelholz oder einer Nudelmaschine auswallen und in die gewünschte Form schneiden – oder zu breiten, rechteckigen Lasagne-Blättern von etwa 8 mal 12 Zentimetern.

Die Nudeln in Salzwasser 3 bis 4 Minuten garen, ehe sie getrocknet werden. Um die Nudeln länger haltbar zu machen, kann man das Salz im Teig weglassen und das Kochwasser entsprechend stärker salzen.

Aromatisierter Nudel- oder Pastateig

Steinpilznudeln: Teig mit 1 Esslöffel Steinpilzpulver vermischen.

Kräuternudeln: mit 1 1/2 Esslöffel fein gehackten gemischten Kräutern wie Petersilie, Schnittlauch und Basilikum mischen.

Pestonudeln: Teig mit 1 bis 2 Esslöffel Pesto vermengen (s. S. 16).

Safrannudeln: dem Nudelteig 1 bis 2 Messerspitzen Safran beifügen.

Pasta klassisch ohne Ei

Grieß, Mehl und Salz mit Öl zu Krümeln vermischen. Nach und nach das temperierte Wasser zugeben, dabei immer kräftig kneten, bis ein elastischer Teig entstanden ist. Den Teig zu einer Kugel formen und unter einer vorgewärmten Schüssel etwa 1 Stunde ruhen lassen. Dann weiterverarbeiten.

Der Ursprung der Pasta verliert sich in der Vergangenheit. Man kannte sie bereits in der Antike sowohl im Orient als auch in Italien. So ist es heute nicht verwunderlich, dass Pasta in allen erdenklichen Formen in der Tessiner Küche, also im italienischsprachigen Teil der Schweiz anzutreffen sind. Zumindest die Steinpilznudeln können als typisch für den Kanton an der Südabdachung der Alpen gelten. Und wie die Schweiz eine Mittelstellung zwischen den Ländern nördlich der Alpen und Italien einnimmt, so mischen sich in diesem Rezept die verschiedenen Einflüsse: Eier aus der süddeutschen Küche, Olivenöl von allen Mittelmeer-Anrainern.

Die klassische Pasta aus Italien dagegen kommt ganz ohne Ei aus. Wer sie indes nördlich der Alpen nachmachen will, muss einiges beachten: Der italienische Hartweizen enthält viel Klebereiweiß, auch noch in der Form als Hartweizengrieß; das macht Eier im Pastateig überflüssig. Deutscher Hartweizengrieß verhält sich anders, ist grober. Damit hiesiger Pastateig trotzdem ohne Ei zusammenhält, sollte Weizenmehl beigemischt werden. So ergibt sich auch der italienische Biss in die fertige Nudel.

Nudeln, schwäbisch

Grundrezept Nudelteig

300 g	Mehl
2	Eier
1	Eigelb
½ EL	Öl
▪	Salz

Spinatnudeln

Für die Spinatmatte:

130 g	Blattspinat
2 EL	Wasser
▪	Salz
▪	Nudelteigzutaten wie für das Grundrezept

Steinpilznudeln

Für die Matte:

250 g	Steinpilze, frisch oder tiefgekühlt
1 EL	Fett
▪	Salz
▪	Pfeffer
▪	geriebene Muskatnuss

Für den Nudelteig:

300 g	Mehl
2	Eigelb
1	Ei
½ EL	Olivenöl
▪	Salz

Grundrezept Nudelteig

Das Mehl kranzartig auf ein Nudelbrett verteilen. Eier und Eigelb mit Öl und Salz verquirlen und in die Mitte geben. Das Mehl langsam von außen nach innen untermengen und einen homogenen Teig daraus kneten, zu einer Kugel formen, in Folie packen und 2 Stunden kühl stellen. – Wenn Sie eine Küchenmaschine benutzen, dann die Zutaten einzeln dem Mehl zugeben. Zuerst langsam, dann schneller kneten.

Nach der Ruhezeit, die ihn geschmeidiger macht, den Teig möglichst dünn zu rechteckigen Platten ausrollen und in etwa ½ Zentimeter breite Nudelstreifen zerschneiden. Vor dem Kochen etwas trocknen lassen.

Wenn die Nudeln erst später gebraucht werden, sollten Sie sie sehr gut trocknen lassen und in dicht verschlossenen Gläsern aufheben, aber nicht länger als 2 Tage.

Farbe erhalten Nudeln durch Spinat, Tomaten, Rote Bete, Safran oder eben Pilze, was besonders köstlich schmeckt. Dazu kann man auch – anders als im Tessiner Rezept zuvor – zuerst eine „Matte" herstellen, die die gewünschte Farbe liefert. Beachten Sie bitte bei allen schwäbischen Nudelvarianten, dass sie im Gegensatz zu italienischen Teigwaren, die bissfest *al dente* gekocht werden, keinen Hartweizengrieß enthalten und beim Kochen immer etwas weicher werden.

Spinatnudeln

Für die Matte den Spinat von den Stielen befreien und gründlich waschen. Die Blätter mit 2 Esslöffel Wasser im Mixer fein pürieren und durch ein Tuch drücken. Den entstandenen Saft unter Rühren zum Kochen bringen, salzen, durch eine feste Papierserviette abgießen. Auf dieser setzt sich die Matte ab, die bei der links beschriebenen Herstellung der Nudeln mit den Eiern vermengt wird.

Steinpilznudeln

Frische Steinpilze säubern und unter fließendem kaltem Wasser gründlich waschen, tiefgekühlte Pilze leicht antauen lassen. In einem flachen Topf mit wenig heißem Fett anschwenken und mit Salz, Pfeffer und Muskat würzen.

Die erkalteten Pilze im Mixer pürieren und wie bei den Spinatnudeln beschrieben zur Matte verarbeiten. Weitere Nudelherstellung siehe links.

Pikantes Lammragout

200 g	**Lammfleisch von Schulter, Bug oder aus der Keule**
▪	**schwarzer Pfeffer**
2	**Knoblauchzehen**
2	**reife Tomaten, z. B. Flaschentomaten**
1	**ganze Pfefferonischote**
4 EL	**natives Olivenöl extra**
2	**Lorbeerblätter**
▪	**Salz**
¼ Ltr	**trockener Weißwein**
⅛ Ltr	**Gemüsebrühe**

Genueser Pesto

30–40	**Basilikum-Blätter**
▪	**grobes Meersalz**
1	**kleine Knoblauchzehe**
2 EL	**Pinienkerne**
1 EL	**Pecorino sardo (er sollte nicht zu scharf sein, sonst Pecorino romano nehmen)**
3 EL	**frisch geriebener junger Parmesan**
150 ml	**natives Olivenöl extra**

Gorgonzola-Sauce

¼ Ltr	**frische süße Sahne**
80 g	**Gorgonzola**
80 g	**Butter**
▪	**Salz**
▪	**ein Hauch frisch geriebene Muskatnuss**

Pikantes Lammragout
Ragù d'agnello all'abruzzese

Das Lammfleisch von Haut und Sehnen befreien, in kleinere Würfel schneiden und mit Pfeffer kräftig würzen. Den Knoblauch abziehen und fein hacken. Die Tomaten überbrühen, häuten und würfeln. Die Pfefferoni – wer empfindlich ist, nimmt Gummihandschuhe – entkernen und in sehr feine Streifen schneiden. Olivenöl in einem Topf erhitzen, Knoblauch, Lorbeerblätter und Lammfleisch zugeben. Bei mittlerer Hitze auf dem Herd anbraten und salzen.

Nach rund 20 Minuten zwei Drittel des Weißweins angießen und zum Abdampfen etwa 10 Minuten köcheln lassen. Dann die Tomatenwürfel und die Pfefferonistreifen zugeben. Abschmecken und, wenn nötig, nachwürzen („all'abruzzese" heißt höllisch pfefferonischarf). Auf ganz kleiner Flamme zugedeckt 1 ½ bis 2 Stunden köcheln. Wenn das Ragout etwas eingekocht ist, den restlichen Weißwein und etwas Brühe angießen.

Zu diesem Ragout gehören in den Abruzzen traditionell *Maccheroni alla chitarra*, die man mit Hilfe eines Holzrahmens herstellt, der mit Stahlsaiten bespannt ist, also ganz wie eine Gitarre.

Genueser Pesto
Pesto alla genovese

Die Basilikumblätter waschen und trockenschleudern. Im Marmormörser an der rauhen Steinwand reiben, zerkleinern und etwas grobes Meersalz darunter mischen, damit die frische grüne Farbe erhalten bleibt. Die Knoblauchzehe abziehen und dann quetschen. Pinienkerne zuerst in einer trockenen Pfanne leicht anrösten, dann eher stoßen als zu fein reiben. Schließlich beide Käsesorten darunter mischen. Die schön grüne, frische Mischung in eine Porzellanschüssel füllen, mit einem Holzlöffel das Olivenöl in dünnem Strahl langsam dazumischen und so lange rühren, bis eine homogene Sauce entstanden ist.
Wir haben den Pesto zu *Lasagnette ricce* gereicht.

Gorgonzola-Sauce
Condimento al gorgonzola

Die Sahne in einer Kasserolle unter Rühren etwa 20 Minuten bei leiser Hitze köcheln. Dabei wird die Sahne cremiger, gelber und der Milchzucker karamellisiert. Den Käse und die Butter zufügen, kräftig mit dem Schneebesen schlagen, bis der Gorgonzola geschmolzen ist. Die Edelschimmelteilchen schmelzen allerdings nicht. Wenig salzen.
Erst zum Schluss die frisch geriebene Muskatnuss einrühren.

Die Sauce in eine größere, vorgewärmte Schüssel gießen und sofort die bissfest gegarten Nudeln mit etwas anhängendem Kochwasser darauf schütten. Mit zwei Gabeln gut durchmischen und sehr heiß anrichten.
Auf unserem Bild sind *Orecchiette* mit der Sauce angerichtet.

Spaghetti aglio e olio
Spaghetti carbonara

Spaghetti aglio e olio

(oben)

6	**Knoblauchzehen**
1	**kleine rote**
•	**Pfefferschote**
1/2 Bund	**glatte Petersilie**
400 g	**Spaghetti**
•	**Salz**
6 EL	**Olivenöl**
•	**nach Belieben frisch geriebener Parmesan oder Pecorino**

Spaghetti carbonara

1	**Zwiebel**
125 g	**Pancetta (luftgetrockneter Bauchspeck)**
400 g	**Spaghetti**
•	**Salz**
30 g	**Butter**
3	**Eier**
1/8 Ltr	**süße Sahne**
je 50 g	**frisch geriebener Parmesan und Pecorino**
•	**frisch gemahlener schwarzer Pfeffer**

Spaghetti aglio e olio

Den Knoblauch schälen und sehr fein hacken. Die Pfefferschote – wer empfindlich ist, verwendet am besten dafür Gummihandschuhe – putzen, würfeln, die Kerne entfernen. Die Petersilie waschen und hacken.

Die Spaghetti in reichlich Salzwasser bissfest kochen. Währenddessen das Olivenöl in einer Pfanne erhitzen, den Knoblauch hineingeben, salzen, dann die Pfefferschote zufügen. Unter ständigem Rühren den Knoblauch leicht gelb werden lassen. Die Petersilie zugeben.

Die Spaghetti abgießen und zusammen mit dem Knoblauchöl in eine vorgewärmte Schüssel geben und mischen. Sofort servieren. Nach Belieben mit Parmesan oder Pecorino bestreuen.

Nicht nur die Italiener lieben dieses klassische Gericht, das so köstlich schmeckt und doch einfach zuzubereiten ist. Manchmal genügt schon besonders guter Knoblauch, um die würzige Schärfe des Südens herbeizuzaubern. Die kleine Pfefferschote tut dann ein Übriges, und ein kräftiger Rotwein macht das Ganze zu einem runden Genuss.

Spaghetti carbonara

Die Zwiebel schälen und hacken, den Bauchspeck in sehr kleine Würfel schneiden. Ein Terrine vorwärmen. Die Spaghetti in reichlich kochendes Salzwasser geben und bissfest kochen.

Währenddessen die Butter erhitzen, die Zwiebel und den Speck darin braten. Eier, Sahne, Parmesan und Pecorino sowie Pfeffer in der vorgewärmten Terrine verrühren und die Spaghetti nach dem Abgießen sofort dazugeben.

Speck und Zwiebel zufügen, alles mischen, noch einmal mit Pfeffer bestreuen und servieren.

Das ursprüngliche, schlichte Gericht der Köhler – *carbonari* – wurde nur mit Käse und Speck zubereitet. Die Eier dürfen beim Verrühren in der vorgewärmten Terrine nicht gerinnen. Wer auf sie ganz verzichten will, nimmt stattdessen einige Löffel mehr Sahne. Und beim Braten des Bauchspecks kann man nach Belieben eine Knoblauchzehe hinzufügen.

Ragù alla bolognese
Penne all'arrabbiata

Ragù alla bolognese

(oben)

120 g	durchwachsener Speck
1	Zwiebel
1	Knoblauchzehe
1	Karotte
1 Stück	Sellerieknolle
500 g	reife Tomaten (oder 1 Dose)
2 EL	Olivenöl
350 g	Hackfleisch (halb Rind, halb Schwein)
200 ml	Rotwein
200 ml	Fleischbrühe
▪	Salz
▪	Pfeffer
▪	geriebene Muskatnuss
1	Lorbeerblatt
1	Nelke
je 1 TL	getrockneter Oregano und Thymian
400 g	Nudeln, Form nach Belieben

Penne all'arrabbiata

600 g	reife Tomaten (oder 1 Dose)
125 g	durchwachsener Speck
1	Zwiebel
2	Knoblauchzehen
40 g	Butter
1	rote Pfefferschote (Peperone)
▪	Salz
400 g	Penne
½ Bund	glatte Petersilie
100 g	Pecorino

Ragù alla bolognese

Den Speck würfeln. Die Zwiebel schälen und hacken, den Knoblauch schälen und zerdrücken oder fein zerkleinern. Karotte und Sellerie putzen und in kleine Würfel schneiden. Die Tomaten mit kochend heißem Wasser überbrühen, häuten, Stielansatz und Kerne entfernen, das Fruchtfleisch hacken oder Dosentomaten verwenden und zerdrücken. Das Olivenöl mit dem Speck kurz anbraten. Karotte, Sellerie, Zwiebel und Knoblauch zufügen und andünsten. Hackfleisch dazugeben und unter häufigem Rühren anbraten. Mit Rotwein ablöschen, die Flüssigkeit etwas verdampfen lassen.

Dann die Tomaten und die Fleischbrühe zugießen, würzen und zugedeckt bei geringer Hitze und gelegentlichem Rühren etwa 50 bis 60 Minuten köcheln lassen.
Danach Lorbeerblatt und Nelke entfernen.

Nudeln – gleich ob eine Sorte aus Hartweizengrieß oder mit Ei – in reichlich Salzwasser etwa 8 bis 10 Minuten bissfest kochen, abgießen und sofort mit dem *Ragù* – Ragout – der Sauce – servieren.

Penne all'arrabbiata

Die Tomaten mit kochend heißem Wasser überbrühen, häuten, Stielansatz entfernen, das Fruchtfleisch klein schneiden oder Dosentomaten verwenden und in kleine Teile zerdrücken. Den Speck würfeln. Die Zwiebel schälen und hacken, den Knoblauch schälen und zerdrücken oder fein zerkleinern. Butter und Speck in einer Pfanne erhitzen, die Zwiebel zufügen und glasig braten. Knoblauch und Pfefferschote zugeben und weiterbraten lassen. Dann Tomatenstücke hineingeben und salzen. Bei geringer Hitze 20 bis 25 Minuten köcheln lassen.

Zwischenzeitlich die Nudeln in reichlich Salzwasser in etwa 8 bis 10 Minuten bissfest kochen, abgießen und abtropfen lassen.

Die Petersilie waschen und hacken, die Pfefferschote aus der Sauce nehmen, die Petersilie dazugeben, ebenso die Nudeln, alles gut mischen und kurz erhitzen.
Den Pecorino reiben und dazu servieren.

Der Name dieses Gerichts bedeutet zornig, wütend. Wer es nicht so scharf mag, nimmt einen kleineren *Peperoncino*.

Pasta mit Trüffeln

Spaghettini mit schwarzen Trüffeln

(oben)

70 g	schwarzer Trüffel
2	Sardellenfilets
5	Stängel Blattpetersilie
5 EL	natives Olivenöl extra
500 g	Spaghettini
▪	Salz

Bandnudeln mit weißen Trüffeln

500 g	Bandnudeln (Fettuccine)
▪	Salz
80 g	Butter
200 ml	süße Sahne
1	Knoblauchzehe
▪	Pfeffer
80 g	frisch geriebener junger Parmesan
30 g	weißer Trüffel

Spaghettini mit schwarzen Trüffeln

Spaghettini al tartufo nero

Die schwarze Trüffel sorgfältig ohne Wasser abbürsten und in hauchfeine Scheiben hobeln. Die Sardellen kurz wässern, auf Küchenkrepp trocknen und sehr fein hacken. Petersilie von den Stängeln zupfen und fein schneiden. Das Olivenöl erwärmen, aber nicht zu heiß werden lassen, die Sardellen einrühren und mit einer Gabel zerdrücken. Dann die Petersilie zugeben und zum Schluss die Trüffelspäne.

Spaghettini in etwa 3 Liter Salzwasser bissfest garen, abgießen und gut abtropfen lassen. Die Trüffelsauce darüber verteilen und sofort anrichten.

Bandnudeln mit weißen Trüffeln

Fettuccine al tartufo bianco

Einen Topf mit etwa 3 Liter Salzwasser aufsetzen und die Bandnudeln darin bissfest kochen. In einer Kasserolle die Butter schmelzen, die Sahne dazugießen, die geschälte Knoblauchzehe einlegen und bei geringer Hitze etwa 15 Minuten köcheln, dabei immer mit einem flexiblen Schneebesen schlagen.

Vom Feuer nehmen, die Knoblauchzehe herausnehmen, mit Salz und Pfeffer mild würzen und den geriebenen Käse unterheben. Nach 3 bis 5 Minuten, wenn der Käse geschmolzen ist, durchrühren und über die gerade vom Kochwasser abgegossenen *Fettuccine* gießen. Gut durchmischen.

Mit dem Trüffelhobel über jeden angerichteten Nudelteller hauchfeine Scheiben vom weißen Trüffel verteilen und servieren.

Weiße Trüffel aus Alba im Piemont, aus Umbrien oder der Toskana sind ein besonderes Erlebnis und normalerweise fast unbezahlbar. Wer das Glück hat, vielleicht einmal von Bauern eingeladen zu werden, die mit ihren speziell trainierten Mischlingshunden fündig wurden, sollte solch eine rare Gelegenheit nicht verstreichen lassen. Natürlich haben weiße Trüffel ein intensives Aroma. Man muss sie mögen, muss diesem Traum verfallen sein, nicht weil sie teuer sind, sondern weil sie so gut sind. Übrigens durften und dürfen in Italien weiße Trüffel nicht in der Eisenbahn transportiert werden. Vielleicht, dass nicht alle Reisenden ins Träumen verfallen …

Vollkorn-Bigoli mit Entenragout

Bigoli con anatra

Für die Bigoli:

100 g	Buchweizenmehl
200 g	Weizenvollkornmehl, Type 1050
3	Eier
20 g	geklärte Butter
100 ml	Milch
·	Salz

Für das Ragout:

2	mittelgroße Zwiebeln
2	Möhren
1	Stange Staudensellerie
2	Lorbeerblätter
1	Nelke
·	schwarze Pfefferkörner
75 g	Rohschinken, fein geschnitten
3 EL	natives Olivenöl extra
300 g	Wildentenfleisch, ohne Knochen und Haut
1,5 kg	Flaschentomaten
1 EL	Mehl
1/2 Ltr	Rotwein, am besten Cabernet aus Venetien
75 g	geschälte Mandeln
1/4 Ltr	Fleischbrühe
·	geriebene Muskatnuss
·	Cayenne-Pfeffer
·	Salz

Für die Bigoli aus Buchweizen- und Vollkornmehl, Eiern, Butter, Milch und Salz einen Teig rühren. Er muss so lange geknetet werden, bis er geschmeidig ist und mit der Nudelwalze verarbeitet werden kann. Bigoli werden etwas dicker gewalzt als Spaghetti. Wenn sie aus dem Walzenpaar der Nudelmaschine kommen, etwa 30 Zentimeter lang abnehmen und auf einem Papierbogen kurze Zeit trocknen lassen.

Für das Ragout zuerst ein „battuto" herstellen, also Zwiebeln, Möhren, Staudensellerie putzen und fein hacken. Mit Lorbeerblättern, Nelke und ein paar ganzen Körnern schwarzem Pfeffer würzen und in einer Pfanne zusammen mit dem Rohschinken im Olivenöl bei mittlerer Hitze Farbe und Aroma ziehen lassen. Aus der Pfanne nehmen.

Das Wildentenfleisch würfeln und gut 7 bis 10 Minuten bei kräftiger Hitze in der Pfanne anbraten. Erst jetzt das Röstgemüse und die Gewürze wieder zugeben.

Die Tomaten überbrühen, häuten, halbieren, Stielansatz entfernen und Kerne mit einem Teelöffel herausnehmen. Die Tomatenhälften in Stücke schneiden, zum Ragout in den Topf geben, Mehl darüber streuen und erhitzen. Mit dem Rotwein auffüllen und im offenen Topf 20 Minuten leise köcheln. Wenn der Wein etwas verdampft ist, die Fleischbrühe zugießen, mit frisch geriebener Muskatnuss und einer Messerspitze Cayenne-Pfeffer würzen und gut durchrühren.

Die Bigoli in Salzwasser bissfest kochen, abgießen und in einer vorgewärmten Schüssel anrichten. Das aromatische Entenragout über die dampfenden Bigoli gießen und servieren.

Unser Altmeister der Rezeptfotografie hat folgende Geschichte in der Provinz Veneto selbst so erlebt: „Wir hatten einfach Hunger, schließlich war es lange nach zwei Uhr. Wir waren auf einer Reise zu den Villen des Palladio im Hinterland von Vicenza. Ein ländlicher Gasthof mit dem Charme eines Wartesaals 3. Klasse. Und die Wirtin meinte, sie hätte heute nichts zu bieten als ein paar Scheiben Soppressata, frisch gemachte Bigoli, eine Spezialität aus Venetien, und ein bisschen Entenragout. Von Bigoli hatte ich noch nie etwas gehört, aber ihre Beschreibung klang so gut, so echt, dass ich zugucken wollte bei der Zubereitung. Es war überzeugend."

Breite Nudeln mit Hasenragout

Pappardelle sulla lepre

Für den Nudelteig:

500 g	Weizenmehl, Type 405
4–5	Eier
1 EL	natives Olivenöl extra

Für das Ragout:

1	Zwiebel
2	Möhren
1	Stange Staudensellerie
6 EL	natives Olivenöl extra
1/2	junger Wildhase mit Herz, Lunge und Leber
6	Stängel Blattpetersilie, fein gehackt
2	Salbeiblätter
3	Lorbeerblätter
2	Stängel Thymian
▪	Salz
▪	Pfeffer
6–8	Würztomaten (z. B. kleine, aromatische „bombolini")
1/8 Ltr	Chianti
1/2 Ltr	Gemüsebrühe
30 g	Butter
4 EL	frisch geriebener junger Pecorino

Für den Nudelteig aus Mehl, Eiern und Öl (wie auf Seite 66 für Ravioli beschrieben) einen Teig kneten und eine Spur dicker ausrollen als sonst. In 4 bis 5 Zentimeter breite Streifen schneiden, jeweils etwa 6 bis 8 Zentimeter lang. Das sind richtige senesische Pappardelle.

Für das Ragout Zwiebel, Möhren und Staudensellerie putzen, klein hacken und in Olivenöl anrösten. Das Hasenfleisch säubern, entbeinen und von den Sehnen befreien. Herz und das Fleisch in zentimeterstarke Würfel schneiden, die Lunge etwas feiner. Die Wildwürfel und die Gewürzkräuter mit dem Röstgemüse 6 bis 8 Minuten anbraten, salzen und pfeffern. Die Würztomaten klein schneiden, zum Fleisch in die Kasserolle geben und 1 1/2 Stunden schmoren. Die Hasenleber würfeln und dazugeben. Den Chianti angießen, mit der Gemüsebrühe auffüllen und das Ragout mit einem Stich Butter binden.

Die Pappardelle in siedendem Salzwasser in wenigen Minuten gar kochen und abgießen. Auf die Teller verteilen und das würzige Ragout darüber geben. Mit Käse bestreut servieren.

Es ist sicherlich sinnvoll, spezielle Pasta-Arten bestimmten Saucen und Ragouts zuzuordnen. Zu diesem kräftigen, intensiv würzigen Wildragout sind Pappardelle genau das Richtige. Außerdem sollte man manche Pasta eben nicht fertig kaufen, sondern frisch zubereiten. Dazu gehören auch Pappardelle, die im toskanischen Siena, wo unser Rezept herstammt, etwas dicker und größer gemacht werden als die, die es zu kaufen gibt. Und selbst gemacht schmecken sie auch besser – nach frisch gemahlenem Hartweizenkorn.

Spaghettini mit Meeresfrüchten

Spaghettini con frutti di mare al cartoccio

400 g	Meeresfrüchte, frisch gefangen (kleine Kraken, Tintenfische und Kalmare, Scampis oder Garnelen)
▪	Salz
150 g	Miesmuscheln
150 g	Venusmuscheln
2	Knoblauchzehen
1	mittelgroße Zwiebel
8 EL	natives Olivenöl extra
5	vollreife Flaschentomaten
1 Bund	Blattpetersilie, gehackt
2	Lorbeerblätter
5	Basilikumblätter, klein gezupft
▪	grobes Meersalz
▪	weißer Pfeffer
350 g	Spaghettini
▪	etwas Olivenöl fürs Nudelwasser und zum Bestreichen des Papiers
⅛ Ltr	trockener Weißwein (z. B. Vernaccia)

Die Meeresfrüchte in Salzwasser waschen und eine Weile darin liegen lassen, dass sie den Sand verlieren. Dann bei Kraken, Tintenfischen und Kalmaren Eingeweide, Tintenbeutel, Kalkblätter und Kauwerkzeuge entfernen und in gleich große, mundgerechte Stücke schneiden. Die Muscheln waschen. Bei den Miesmuscheln den Bart abziehen. Alle Muscheln müssen geschlossen sein. Sie öffnen sich beim Kochen. Angeschlagene oder offene Muscheln und alle, die sich beim Kochen nicht öffnen, wegwerfen.

Knoblauch und Zwiebel schälen, fein hacken und in Olivenöl anrösten. Die Tomaten kochend heiß überbrühen, häuten, Stielansatz und Kerne entfernen, grob würfeln und mitbraten. Mit der Blattpetersilie, Lorbeer, Basilikumblättern, grobem Meersalz und weißem Pfeffer würzen. In dieser sämigen Sauce die vorbereiteten Meeresfrüchte – ohne Scampis oder Garnelen – 10 Minuten köcheln lassen.
Inzwischen in Salzwasser mit einem Schuss Olivenöl die Spaghettini kurz kochen, sie sollen noch sehr bissfest sein.

Große Stücke Pergament- oder Butterbrotpapier ausbreiten und mit einem Backpinsel mit Olivenöl bestreichen. Darauf abwechselnd eine Schicht Spaghettini und eine Schicht Meeresfrüchte mit Sauce sowie einige der rohen Scampis oder Garnelen schichten, mit einem Spritzer Weißwein befeuchten und mit der Klammerzange gut verschließen. Die Pergament-Pakete auf dem Rost im vorgeheizten Backofen bei 200 °C, Gas Stufe 3, in 10 bis 15 Minuten garen. Die Pakete auf großen Tellern servieren und erst am Tisch öffnen.

Samstags gibt's auf dem Markt frischen Fisch und viele Meerestiere. Es ist eine Lust, da einzukaufen, vielleicht für *Frutti di mare al cartoccio*, eine Spezialität aus den Marken. Verpacken macht eben nicht nur Herrn Christo mit Reichstagen Spaß, auch kleinere Sachen bringen Vergnügen. So geht's auch mit Lebensmitteln. Aber wir meinen, es sollte Pergament oder Packpapier und – in handfesten Fällen – eben Ton sein, denn in Papier ist das Garen für die Spaghettini und Meeresfrüchte kein Dampfbad, sie garen trockener, schmecken kraftvoller und konzentrierter. Und schließlich müssen wir dann nicht das wertvolle Aluminium verschwenden.

Makkaroni mit Fenchel
Tagliatelle mit Schinken

Makkaroni mit Fenchel

(oben)

1	**Fenchelknolle**
60 g	**Butter**
60 g	**gemahlene Mandeln**
350 g	**Makkaroni**
▪	**Salz**
▪	**frisch gemahlener weißer Pfeffer**

Tagliatelle mit Schinken
Zutaten für 10–12 Personen

Für den Teig:

600 g	**Weizenmehl**
6	**Eier**
6 EL	**Wasser**
1 EL	**Öl**

Für die Sauce:

200 g	**Parmaschinken**
4–5	**frische Salbeiblätter**
100 g	**Butter**
3/4 Ltr	**süße Sahne**
150 g	**frisch geriebener Parmesan**
▪	**Salz**
▪	**frisch gemahlener schwarzer Pfeffer**
▪	**geriebene Muskatnuss**

Makkaroni mit Fenchel

Den Fenchel putzen und in Stücke schneiden. Die Butter in einem Topf erhitzen. Fenchel zufügen und andünsten, danach die Mandeln zugeben, etwas anrösten lassen und mit gut 1/4 Liter Wasser ablöschen. 10 bis 15 Minuten köcheln lassen. Eventuell nochmals etwas Wasser nachschütten, je nachdem wie die Konsistenz gewünscht wird.
Die Makkaroni in reichlich Salzwasser bissfest kochen, abgießen und abtropfen lassen.

Die Fenchelsauce mit Salz und Pfeffer würzen und pürieren. Das geht am besten im Mixer. Falls nötig, nochmals kurz erhitzen und zu den noch heißen Makkaroni servieren. Der Fencheldip schmeckt allerdings auch kalt ausgezeichnet, kann also in Ruhe vorher zubereitet und zu heißen Nudeln serviert werden.

Der knollige Gemüsefenchel, im Mittelmeerraum von jeher angebaut, ist ein typisch italienisches Gemüse. Reich an Mineralstoffen und Vitamin C, verbindet er sich mit Makkaroni zu einem nahrhaften Gericht mit kräftigem Geschmack.
Fenchel eignet sich auch sehr gut für Salate, die unseren winterlichen Speisezettel bereichern.

Tagliatelle mit Schinken

Für den Teig: Aus den oben angegebenen Zutaten wie auf Seite 12 oder 14 einen Nudelteig herstellen. Je nach Größe der Eier noch 1 zusätzliches Eigelb dazugeben. Nach dem Ruhen den Teig ausrollen und in etwa 1/2 Zentimeter breite Streifen schneiden.

Für die Sauce: Den Schinken würfeln und mit den in schmale Streifen geschnittenen Salbeiblättern in der erhitzten Butter kurz durchschwenken. Die Sahne zufügen, aufkochen lassen, den Parmesan hineinrühren. Mit Salz, Pfeffer und Muskat würzen, warm halten.

Die Tagliatelle in Salzwasser in etwa 5 Minuten bissfest kochen, abgießen, abtropfen lassen und mit der Sauce vermischen. In einer großen Schüssel servieren – oder sogar in einem ausgehöhlten Parmesankäse, wenn es sich ergibt.

Bandnudeln mit Basilikumpaste

Basilikumpaste

2 EL	Pinienkerne
30–50 g	frische Basilikumblätter
2	Knoblauchzehen
80–100 ml	kaltgepresstes Olivenöl
▪	Salz
▪	frisch gemahlener schwarzer Pfeffer
80 g	alter Pecorino oder Parmesan, frisch gerieben, oder je 40 g gemischt

Bandnudeln

300 g	Mehl
3	Eier
▪	Salz
1 EL	Olivenöl
▪	Mehl zum Ausrollen

Basilikumpaste
Pesto alla genovese

Die Pinienkerne in einer Pfanne ohne Fett leicht anrösten. Die Basilikumblätter grob hacken. Den Knoblauch schälen und in Scheibchen schneiden. Alle diese Zutaten entweder in einen großen Mörser geben und fein zerreiben oder im Mixer zerkleinern.

Die Mischung in ein Schüsselchen geben und unter dauerndem Rühren das Olivenöl untermischen. Die Basilikumpaste mit Salz und Pfeffer kräftig abschmecken und zugedeckt beiseite stellen. Während die Nudeln garen, den Pesto in eine vorgewärmte Schüssel geben und den Käse hineinrühren.

Bandnudeln
Fettuccine

Das Mehl in eine große Schüssel sieben. In die Mitte eine Mulde drücken und Eier, 1/2 Teelöffel Salz und Olivenöl zugeben. Alles rasch zu einem glatten, geschmeidigen Teig verarbeiten. Den Teig gut 5 Minuten kneten und dabei ab und zu fest auf die Arbeitsfläche schlagen. Den Teig in Frischhaltefolie einwickeln und mindestens 1 Stunde ruhen lassen. Danach den Teig auf einer leicht bemehlten Fläche sehr dünn ausrollen und in 1 Zentimeter breite, lange Streifen schneiden. Bis zum Garen die Nudeln auf einem leicht bemehlten Küchentuch ausbreiten.
In einem großen Topf reichlich Wasser mit 1 Esslöffel Salz zum Kochen bringen. Die Hitze herunterschalten und die Nudeln hineingeben. Einmal aufkochen und 4 bis 5 Minuten sieden lassen. In einem Sieb abgießen, 2 Esslöffel von dem Kochwasser zurückbehalten.

Die Nudeln sofort in eine Schüssel mit der Basilikumpaste und dem Käse geben. Die kleine Menge Kochwasser zufügen und alles mit einem Salatbesteck vorsichtig mischen. Die Nudeln auf vorgewärmte tiefe Teller verteilen und sofort servieren.

Eine Spezialität der ligurischen Küste ist Pasta mit Pesto. So nimmt es nicht Wunder, dass für den Genueser Pesto schon in diesem Buch leicht unterschiedliche Rezepte versammelt sind (s. auch S. 16). Hält doch jede gute Genueser Hausfrau einen Blumentopf mit frischem Basilikum auf dem Balkon bereit. Und wenn es einmal ganz schlicht zugehen soll, schmecken die Fettuccine auch nur mit Butter und frisch geriebenem Parmesan.

Brokkoli mit Sardellen auf Farfalle

Broccoli strascinati

---

750 g **Brokkoli**
▪ **grobes Meersalz**
8 **Sardellenfilets**
6 EL **natives Olivenöl extra**
½ **Chilischote,**
fein gehackt
500 g **Pasta, zum Beispiel**
Farfalle
▪ **nach Belieben etwas**
frisch geriebener junger
Pecorino romano

Variante:

Wer Sardellen nicht so gerne mag, kann die gekochten Brokkoli-Röschen mit einer Mandel-Butter-Mischung servieren. Einfach Butter schmelzen, dünne Mandelblättchen zugeben und leise erhitzen, bis die Mandeln goldfarbig werden. Mit etwas Zitronensaft verrühren und mit den heißen Brokkoli-Röschen durchmischen.

Die Brokkoli etwa 10 Minuten in Salzwasser legen, dann herausnehmen und unter fließendem Wasser waschen. In Röschen teilen. Die Stiele schälen und längs einschneiden, dass sie gleichmäßig mit den Röschen garen. Die Sardellen wässern und auf Küchenkrepp trocknen. Auf einem Küchenbrett fein hacken.

In einem großen Topf die Brokkoli in Salzwasser bissfest garen. Das Olivenöl warm, nicht heiß werden lassen und die Sardellen zugeben. So lange bei leiser Wärme halten, bis die Sardellen mit einem hölzernen Kochlöffelrücken cremig gerührt werden können. Mit wenig Chilischote würzen. Die Brokkoli abgießen und mit der Sardellensauce üppig übergießen und aromatisieren.

Sehr gut schmeckt das Gemüse mit Pasta, zum Beispiel mit den lustigen *Farfalle*. Dazu die Brokkoliröschen mit den gekochten, noch heißen *Farfalle* und der Sardellensauce in einer vorgewärmten Schüssel durchmischen. Frisch geriebener junger *Pecorino romano* bindet das Pastagericht und macht es cremig.

Während der Blumenkohl ein großes weißes Haupt bildet und die Pflanze nach der Ernte abstirbt, schieben die Brokkoli ständig neue Triebe nach, die während 6 bis 8 Wochen immer wieder geerntet und mit Stängel und Blüten verspeist werden können. Daher auch sein Name. „Brocco" heißt junger Spross oder Schössling. Und noch etwas ist anders als beim Blumenkohl: die herrliche grüne Farbe. Sie macht die hohe Vitalität der Pflanze sichtbar und wir schmecken sie auch. Durch die intensive Chlorophyll-Bildung ist der Geschmack kräftiger, mehr nach reifem Gemüse und sehr gut zur Kombination mit Pasta oder Kartoffelpüree geeignet.

Spaghetti Marco Polo

1,2 kg **kleine Muscheln**
⅛ Ltr **Olivenöl**
1 **Zwiebel**
1 **Knoblauchzehe**
1 **scharfe Pfefferschote (Peperoncino)**
1 Bund **Petersilie**
- **Öl zum Dünsten**
- **Salz**
- **frisch gemahlener Pfeffer**
- **evtl. etwas Weißwein**
500 g **Spaghetti**
- **geriebener Parmesan nach Belieben**

Die Muscheln gut waschen, in das stark erhitzte Öl geben und so lange rühren, bis sie sich öffnen. Die Schalen entfernen. Nicht geöffnete Muscheln wegwerfen, sie können verdorben sein.

Die Zwiebel schälen und fein hacken. Den Knoblauch schälen und pressen, den Saft auffangen. Die Pfefferschote putzen, in feine Streifen schneiden, die Kerne entfernen – wer empfindlich ist, fasst Peperoncini besser mit Gummihandschuhen an. Die Petersilie waschen und hacken.

Die Zwiebeln in wenig Öl kurz dünsten, das Muschelfleisch und die Pfefferschote zugeben, mit Knoblauchsaft, Salz, Pfeffer und Petersilie würzen, etwas Kochwasser von den Nudeln oder Weißwein zufügen und alles zusammen noch weitere 10 Minuten erhitzen.

Unterdessen die Spaghetti in reichlich Salzwasser bissfest kochen, abgießen, gut abtropfen lassen und unter die Muscheln mischen.
Sehr heiß mit Parmesan servieren.

Um den Glanz von Marco Polos Ruhm streiten sich manche: die Menschen auf der süddalmatinischen Insel Korčula, wo Marco Polo geboren wurde. Dann natürlich erhebt Venedig Anspruch auf ihn, einen der größten Söhne der Lagunenstadt, auch wenn er ja für lange Jahre ganz woanders weilte. Der großen Reise eingedenk, die Marco Polo an den Hof des mächtigen Mongolenherrschers Kublai Khan führte, genießen Sie dieses schmackhafte Gericht.

Hähnchen-Curry auf Nudeln

2	**Schalotten**
250 g	**Hähnchenbrustfilet**
3	**Zweige frischer Thymian**
40 g	**Butter**
1 ½ – 2 TL	**Currypulver**
·	**Salz**
2 EL	**Paniermehl**
1 EL	**gemahlene Mandeln**
gut ¼ Ltr	**Hühnerbrühe**
⅛ Ltr	**süße Sahne**
2 EL	**Mango-Chutney**
300 g	**beliebige Nudeln**

Die Schalotten schälen und fein hacken. Hähnchenbrust in feine Streifen schneiden. Die Thymianblättchen von den Stielen zupfen. Die Butter in einem Topf zerlaufen lassen. Currypulver und Schalotten zufügen und goldgelb andünsten, dann Hähnchenbrust, Thymian und Salz zugeben und unter Rühren weiterdünsten.

Nach 3 Minuten Paniermehl und Mandeln zugeben und kurz durchdünsten, mit Hühnerbrühe ablöschen. Etwa 3 Minuten köcheln lassen, bis das Fleisch gar ist.

Die Sahne zufügen, nochmals aufkochen lassen, mit Mango-Chutney verfeinern und nochmals abschmecken, warm halten.

Die Nudeln in Salzwasser in etwa 8 Minuten bissfest kochen und mit der Sauce anrichten.

Indien oder auch ein asiatisches Land noch weiter im Südosten könnte die Heimat dieses bekömmlichen Gerichts voller Geschmack sein. In dem Chutney – je nach Beschaffenheit als Würzsauce oder -paste bezeichnet – gehen Süße und Aroma von Früchten oder Pilzen mit der Schärfe unterschiedlicher Gewürze eine gelungene Verbindung ein: Außer der subtropischen, apfelähnlichen Frucht Mango nimmt man gerne auch Äpfel, Pilze oder Tomaten zur Herstellung handelsüblicher Chutneys. Mango-Chutney gibt es in der scharfen Variante als „Hot sliced Mango-Chutney", in der milden als „Sweet sliced Mango-Chutney" zu kaufen.

Nudeln mit Krabben und Schweinefleisch

250 g	chinesische Eiernudeln oder Buchweizennudeln oder Spaghetti
150 g	küchenfertige Krabben
150 g	Schweinefleisch
8	Lauchzwiebeln
2	Knoblauchzehen
·	Erdnuss- oder Maisöl zum Braten
1	Eiweiß
1 TL	Salz
2 EL	Reiswein oder trockener Sherry
1 TL	Maisstärke
1/2 TL	Sesamöl
·	Sojasauce
·	Pfeffer

Chinesische Eiernudeln mit kochend heißem Wasser überbrühen und 3 Minuten gar ziehen lassen. Buchweizennudeln oder Spaghetti nach Anleitung gar kochen. Nudeln abtropfen lassen.

Die Krabben abspülen und abtropfen lassen. Das Schweinefleisch schnetzeln. Die Lauchzwiebeln waschen, putzen und in feine Röllchen schneiden. Den Knoblauch schälen und zerdrücken oder sehr fein zerkleinern.

Das Bratöl in einem Wok oder in einer tiefen Pfanne erhitzen, die Nudeln darin unter Rühren anbraten. Herausnehmen und warm stellen. Erneut Öl im Wok oder in der Pfanne erhitzen. Schweinefleisch und Krabben zusammen mit dem Eiweiß unter Rühren etwa 3 Minuten braten. Lauchzwiebeln, Knoblauch, Salz und Reiswein oder Sherry dazugeben und weitere 2 Minuten rühren, bis alles gar ist.

Mit in Wasser glatt gerührter Maisstärke andicken, das Sesamöl darüber träufeln, die Nudeln untermischen. Mit Sojasauce und Pfeffer abschmecken und heiß servieren.

China steht dem Nudelland Italien in nichts nach, was die Vielfalt an Farben und verwendeten Grundstoffen anbelangt. *Xiaren Rousi Chao Mian* aus der Provinz Guangzhou ist nur eine von zahlreichen Zubereitungen. Nudeln haben in China auch symbolische Bedeutung, sie stehen für ein langes Leben. Daher wäre es fast ein Verbrechen, die langen Nudeln zurechtzustutzen – wie das manche hin und wieder mit sehr langen Spaghetti machen.

Pasta mit Lachs

Taglierini mit Lachs und Garnelen

(oben)

1	Schalotte
1 Bund	Dill
300 g	frisches Lachsfilet
30 g	Butter
⅛ Ltr	trockener Weißwein
⅛ Ltr	Fischfond
⅛ Ltr	süße Sahne
▪	Salz
▪	frisch gemahlener weißer Pfeffer
120 g	küchenfertige Garnelen
400 g	Taglierini

Lachsmousse auf Vermicelli

15 g	Butter
250 g	frisches Lachsfilet
▪	Salz
▪	frisch gemahlener weißer Pfeffer
1	Gläschen Weißwein
ca. ¼ Ltr	süße Sahne
3 Bund	Dill
300 g	Vermicelli

Taglierini mit frischem Lachs und Garnelen

Die Schalotte schälen, den Dill waschen und trockenschütteln. Beides hacken, den Dill beiseite stellen. Den Lachs zerpflücken. Die Butter in einer Pfanne erhitzen, die Schalotte andünsten, den Lachs zugeben, kurz mitdünsten und mit Weißwein, Fischfond und Sahne ablöschen. Salzen, pfeffern und die Garnelen zugeben. 2 bis 3 Minuten köcheln lassen. Den Dill zufügen.

Die *Taglierini* in reichlich Salzwasser in etwa 8 Minuten bissfest kochen, abgießen und sofort mit dem Lachs und den Garnelen servieren.

Die weit verzweigte Familie der Garnelen umfasst unter anderem Tiefsee- und Ostseegarnelen, Shrimps, Prawns oder Gambas. Das delikate Fleisch der scherenlosen Krustentiere ist reich an Eiweiß, aber arm an Fett. Beim Kochen nimmt es eine rosa bis rote Farbe an. Die beste Qualität stammt aus den Fängen in kalten Gewässern.

Lachsmousse auf Vermicelli

Die Butter in einem Topf zerlaufen lassen. Lachsfilet zufügen, salzen, pfeffern und andünsten. Mit Weißwein und Sahne ablöschen, etwa 10 bis 12 Minuten garen.

Den Dill waschen, trockenschütteln, von den Stielen zupfen und sehr fein hacken. Lachsfilet zufügen und zusammen pürieren. Nochmals abschmecken.

Vermicelli in reichlich Salzwasser in etwa 7 Minuten bissfest garen, abgießen. Die Lachsmousse darüber geben und sofort servieren.

Vermicelli sind schlanke Fadennudeln. Sie eignen sich für dieses Gericht besonders gut, können aber ebenso gut durch Spaghetti ersetzt werden.

Spinatnudeln mit Pute
Nudeln mit Morcheln

Spinatnudeln mit Pute

(oben)

600 g	**Putenbrust**
2–3	**Knoblauchzehen**
2 EL	**Crème fraîche**
3 EL	**Olivenöl**
2 TL	**Currypulver**
1–2	**Schalotten**
1 EL	**Butter**
▪	**Salz**
1/2 TL	**Kurkuma**
je 1	**Messerspitze Kreuzkümmel und Chilipulver**
1 EL	**Mehl**
2–3 EL	**Jogurt**
250 g	**Spinatnudeln**
1/2 Bund	**Koriander**

Nudeln mit Morcheln

25	**getrocknete Morcheln**
1/4 Ltr	**Milch**
1	**Zwiebel**
25 g	**Butter**
15 g	**Mehl**
1/4 Ltr	**gute Fleischbrühe**
▪	**Salz**
▪	**weißer Pfeffer**
125 g	**Crème double**
1	**Eigelb**
1 TL	**Zitronensaft**
400 g	**dünne Bandnudeln (oder selbst gemachte)**

Spinatnudeln mit Pute

Am Abend davor die Putenbrust in Streifen schneiden, den Knoblauch schälen und zerdrücken. Crème fraîche, Olivenöl und Currypulver zufügen, verrühren und das Fleisch über Nacht darin einlegen.

Am nächsten Tag die Schalotten schälen und hacken. Die Butter erhitzen. Die Schalotten darin andünsten, die Putenbruststreifen zugeben und dünsten. Nach weiteren 2 bis 3 Minuten Salz, Kurkuma, Kreuzkümmel und Chilipulver zugeben. Mit Mehl überstäuben und mit 1/4 Liter Wasser ablöschen.
6 Minuten köcheln lassen, Jogurt unterrühren, abschmecken.

Die Nudeln in Salzwasser in etwa 8 bis 10 Minuten bissfest kochen. Sauce über die abgetropften Nudeln geben. Mit Korianderblättchen bestreuen.

Nudeln mit Morcheln

Die Morcheln 30 Minuten in der Milch einweichen, anschließend durchschneiden und gründlich waschen. Der Sand, der im Innern sein könnte, sollte herausgespült werden. Die Milch aufbewahren.

Die Zwiebel schälen und reiben. Die Butter erhitzen, Zwiebel darin andünsten, Morcheln zugeben, mit Mehl überstäuben und unter fortwährendem Rühren mit Fleischbrühe und der durchgeseihten Milch ablöschen, salzen, mit frisch gemahlenem Pfeffer würzen. 6 Minuten bei geringer Hitze köcheln lassen. Crème double zufügen. Mit Eigelb binden, Zitronensaft zugeben und nochmals abschmecken.

Die Nudeln in reichlich Salzwasser in 8 bis 10 Minuten bissfest kochen. Wer möchte, kann auch selbst gemachte Nudeln reichen.

Morcheln, diese außerordentlich delikaten Pilze, kann man mit Glück vom Frühling bis zum Sommeranfang in Waldlichtungen finden. Im Handel werden sie manchmal frisch, meist aber in Dosen oder auch getrocknet angeboten.

Spaghettini mit Hummer
Spaghetti mit Bottarga

Spaghettini mit Hummer

(oben)

1	**Hummer von etwa 700–800 g**
2	**Schalotten**
2	**Zweige frischer Estragon**
125 g	**Karotten**
125 g	**Zucchini**
25 g	**Butter**
1 TL	**Tomatenmark**
·	**Salz**
30 ml	**Noilly-Prat**
ca. 1/8 Ltr	**Gemüsebrühe**
125 g	**Crème double**
·	**frisch gemahlener weißer Pfeffer**
400 g	**Spaghettini**

Spaghetti mit Bottarga

1 Bund	**Petersilie**
400 g	**Spaghetti**
80 g	**Butter**
4 EL	**geriebene Bottarga**
·	**Salz**

Spaghettini mit Hummer

Den Hummer in kochendes Salzwasser geben und 12 Minuten kochen, dann ausbrechen und in Scheiben schneiden. Die Schalotten schälen und in Scheiben schneiden. Estragonblättchen von den Stielen zupfen. Karotten waschen und putzen, Zucchini waschen, beides in bleistiftdünne, etwa 4 bis 5 Zentimeter lange Stifte schneiden.

Die Butter in einem Topf zerlaufen lassen, die Schalotten darin andünsten. Gemüse und Tomatenmark zugeben. Salzen und weitere 2 Minuten unter Rühren dünsten. Mit Noilly-Prat ablöschen. Gemüsebrühe und Crème double zufügen, pfeffern und abgedeckt 4 bis 5 Minuten köcheln lassen.

Inzwischen die Spaghettini in reichlich Salzwasser in 6 bis 8 Minuten bissfest kochen und abgießen. Das Hummerfleisch in die Sauce geben, kurz erhitzen und abschmecken. Den Estragon zufügen und die Sauce über die Spaghettini geben.

Spaghetti mit Bottarga

Die Petersilie waschen, trockenschütteln und hacken. Die Spaghetti in 8 bis 10 Minuten sehr bissfest kochen.

Butter in einer Pfanne zerlaufen lassen. *Bottarga* zugeben, dann die abgetropften Spaghetti. Die Petersilie unterziehen, durchschwenken und salzen. Sofort auf vorgewärmten Tellern servieren.

Aus der Region Venezien und aus Sardinien kommt eine Spezialität, die eine köstliche Bereicherung für Pastagerichte darstellt. *Bottarga* ist an Luft und Sonne getrockneter Rogen von Seefischen.

Spaghetti mit Jogurt
Austernpilze mit Nudeln

Spaghetti mit Jogurt
(oben)

200 g	Jogurt
ca. 1/4 Ltr	süße Sahne
2–3 EL	Olivenöl
70 g	frisch geriebener Parmesan
·	Salz
·	frisch gemahlener weißer Pfeffer
1 Bund	Schnittlauch
400 g	Vollkornspaghetti

Austernpilze mit Nudeln

3	Frühlingszwiebeln
2	Knoblauchzehen
1/2 Bund	glatte Petersilie
400 g	Austernpilze
40 g	Butter
·	Salz
ca. 1/4 Ltr	trockener Weißwein
140 g	Crème fraîche
1–2 TL	eingelegte grüne Pfefferkörner
400 g	Vollkornnudeln (Fusilli oder eine andere Sorte)

Spaghetti mit Jogurt

Jogurt, Sahne und Olivenöl vorsichtig unter Rühren erhitzen. Den Käse einrühren, würzen, abschmecken und vom Feuer nehmen. Den Schnittlauch waschen, trockenschütteln, fein schneiden und zufügen.

Spaghetti in reichlich Salzwasser in etwa 8 bis 10 Minuten bissfest kochen und abgießen. Jogurtsauce auf den Spaghetti verteilen und servieren.

Jogurt – der Name ist türkischen Ursprungs – erfreut sich in den Küchen des Orients und des Balkans, aber immer mehr auch in Mitteleuropa großer Beliebtheit. Sein zart säuerlicher Geschmack kommt in Gesellschaft mit schlanken Spaghetti köstlich zur Geltung.

Austernpilze mit Nudeln

Die Frühlingszwiebeln waschen und in Ringe schneiden, den Knoblauch schälen und zerdrücken. Petersilie waschen, trockenschütteln, hacken und beiseite stellen. Die Pilze putzen und etwas zerkleinern. Die Butter in einem Topf zerlaufen lassen. Frühlingszwiebeln darin andünsten, Knoblauch und Austernpilze zufügen, salzen und etwa 3 Minuten unter Rühren dünsten.

Mit Weißwein ablöschen. Crème fraîche und Pfefferkörner unterrühren. 2 Minuten köcheln lassen. Mit gehackter Petersilie bestreuen.

Die Nudeln in reichlich Salzwasser in etwa 8 bis 10 Minuten bissfest kochen. Die Nudeln abgießen und mit den Austernpilzen anrichten.

Aus den wild wachsenden Austernpilzen ist eine interessante Neuzüchtung hervorgegangen. Die auf Holz wachsenden Pilze stecken voller Eiweiß und Vitamin B und sie besitzen einen aromatischen Geschmack, der diesem Nudelgericht die besondere Note verleiht.

Pasta toskanisch
Nudeln mit Gemüse

Pasta toskanisch

(oben)

15 g	getrocknete Steinpilze
150 g	magerer Schinkenspeck
200 g	Zuckerschoten
2	Karotten
1–2	Kohlrabi
1	kleine junge Sellerie-knolle mit Grün
2	Zucchini
½ Bund	glatte Petersilie
400 g	Pappardelle
▪	Salz
40 g	Butter
▪	frisch gemahlener Pfeffer
ca. 200 g	Crème fraîche

Nudeln mit Gemüse

300 g	Karotten
500 g	Zucchini
1 Bund	Basilikum
50 g	Butter
40 ml	Marsala
▪	Salz
▪	frisch gemahlener schwarzer Pfeffer
300 g	dünne Bandnudeln (z. B. Taglierini)

Pasta toskanisch

■ Die Steinpilze putzen, in ein Töpfchen geben, mit ¼ Liter kochendem Wasser übergießen und 1 bis 2 Minuten köcheln lassen. Beiseite stellen zum Nachquellen.

■ Den Schinkenspeck würfeln. Die Zuckerschoten putzen und, falls nötig, einmal schräg durchschneiden. Die Gemüse waschen, Karotten, Kohlrabi und Sellerie putzen und in schmale Stifte schneiden, Zucchini würfeln. Selleriegrün und Petersilie hacken.

■ Die Pappardelle in reichlich Salzwasser in etwa 8 bis 10 Minuten bissfest kochen.
Währenddessen den Schinkenspeck mit der Butter zusammen in eine genügend große Pfanne geben und erhitzen. Das Gemüse – außer den Zucchini – zugeben und einige Minuten andünsten. Die Steinpilze samt Brühe zufügen, salzen, pfeffern und etwa 10 bis 15 Minuten köcheln lassen.

■ Nach 5 Minuten die Zucchini hineingeben. Das Gemüse sollte noch bissfest sein.
Mit Crème fraîche verfeinern, mit den Nudeln mischen und in einer großen – am besten vorgewärmten – Form oder Schüssel auftragen.

Nudeln mit Gemüse

■ Die Karotten putzen, längs in dünne Scheiben, dann in dünne Streifen schneiden. Eventuell nochmals auf 4 bis 5 Zentimeter Länge durchschneiden. Die Zucchini waschen und ungeschält ebenfalls in Stifte schneiden.

■ Basilikumblättchen von den Stielen zupfen, hacken und beiseite stellen. Butter in einem Topf zerlaufen lassen, Karotten darin andünsten. Nach 4 Minuten die Zucchini zufügen, kurz andünsten und mit Marsala ablöschen. Salzen, pfeffern und zugedeckt in etwa 3 bis 5 Minuten fertig garen. Das Gemüse sollte noch bissfest sein. Basilikum zufügen und alles warm halten.

■ Die Nudeln in reichlich Salzwasser in etwa 6 bis 7 Minuten bissfest kochen und abgießen. Nudeln entweder mit dem Gemüse vermischen oder das Gemüse über die Nudeln geben.
Gut schmeckt dazu eine Sauce hollandaise.

Dies ist besonders im Sommer, wenn es alles Gemüse und das aromatische Basilienkraut frisch gibt, ein wunderbares vegetarisches Gericht.

Pasta oder Nudeln zum Füllen

Ravioli

(oberes Bild oben)

Nudelteig in etwa 4 Portionen teilen und messerrückendick ausrollen. Zwei gleich große Teigstreifen ausschneiden. Je 1 Teelöffel Füllung (s. zum Beispiel Rezepte S. 66 und 68) in Häufchen mit gleichem Abstand von 3 bis 4 Zentimeter darauf setzen und die Zwischenräume mit Wasser befeuchten. Den anderen Teigstreifen darüber legen und zwischen den Häufchen leicht andrücken. Mit dem Teigrädchen die Häufchen trennen, sodass Quadrate entstehen. Auf einem Tuch ausbreiten und 20 bis 30 Minuten trocknen.

Maultaschen

(oberes Bild unten)

Nudelteig dünn ausrollen. Teig in Quadrate von 8 bis 12 Zentimeter Seitenlänge schneiden, es können aber auch Rechtecke, Rauten oder Scheiben sein. Auf die Hälfte der Teigstücke in die Mitte Füllung (s. Rezept S. 64) geben und etwas verteilen, dabei einen Rand frei lassen. Diesen mit Wasser, Milch oder Eiweiß bestreichen und umschlagen. Falls man Quadrate oder Kreise macht, die übrigen Teigscheiben

darauf legen und die Ränder mit den Fingern andrücken. Rechtecke, Kreise oder Quadrate können auch in der Mitte gefaltet werden.

Tortellini

(unteres Bild unten)

Mit einer Kreisform von 4 Zentimeter Durchmesser Scheiben aus dem ausgerollten Nudelteig ausstechen. 1 Teelöffel Füllung (s. zum Beispiel Rezepte S. 54 und 56) in der Mitte häufen und den Rand mit Wasser befeuchten. Halbmondförmig zusammenfalten und Rand zusammendrücken. Vorsichtig um die Spitze des Zeigefingers zu einem Ring biegen. Dabei soll der Teigrand nach oben gebogen, sollen die Spitzen zusammengedrückt werden. Auf einer bemehlten Fläche 20 bis 30 Minuten trocknen.

Lasagne und Cannelloni

Für Lasagne Quadrate oder Rechtecke je nach Größe der Auflaufform aus dem dünn ausgerollten Teig ausschneiden. Portionsweise in kochendes Salzwasser mit 1 Esslöffel Öl geben, in 2 Minuten sehr bissfest garen. Herausnehmen und auf einem Tuch trocknen. In ei-

ne gefettete Auflaufform eine Schicht Teigblätter legen, darauf abwechselnd Füllung (s. zum Beispiel Rezept S. 94), Sauce und Teigblätter schichten, mit Sauce abschließen.

Für Cannelloni Teigquadrate von 10 Zentimeter Kantenlänge ausschneiden, bissfest kochen, trocknen lassen, mit Füllung belegen, zu einer Röhre biegen (s. zum Beispiel Rezept S. 84), mit der Schnittkante nach unten in die Auflaufform legen.

Noch ein Tipp:

Gefüllte Teigtaschen sollten nie in sprudelndem Wasser gegart werden, weil sie platzen könnten. Am besten lässt man sie in gerade kochendem Wasser leise gar ziehen.

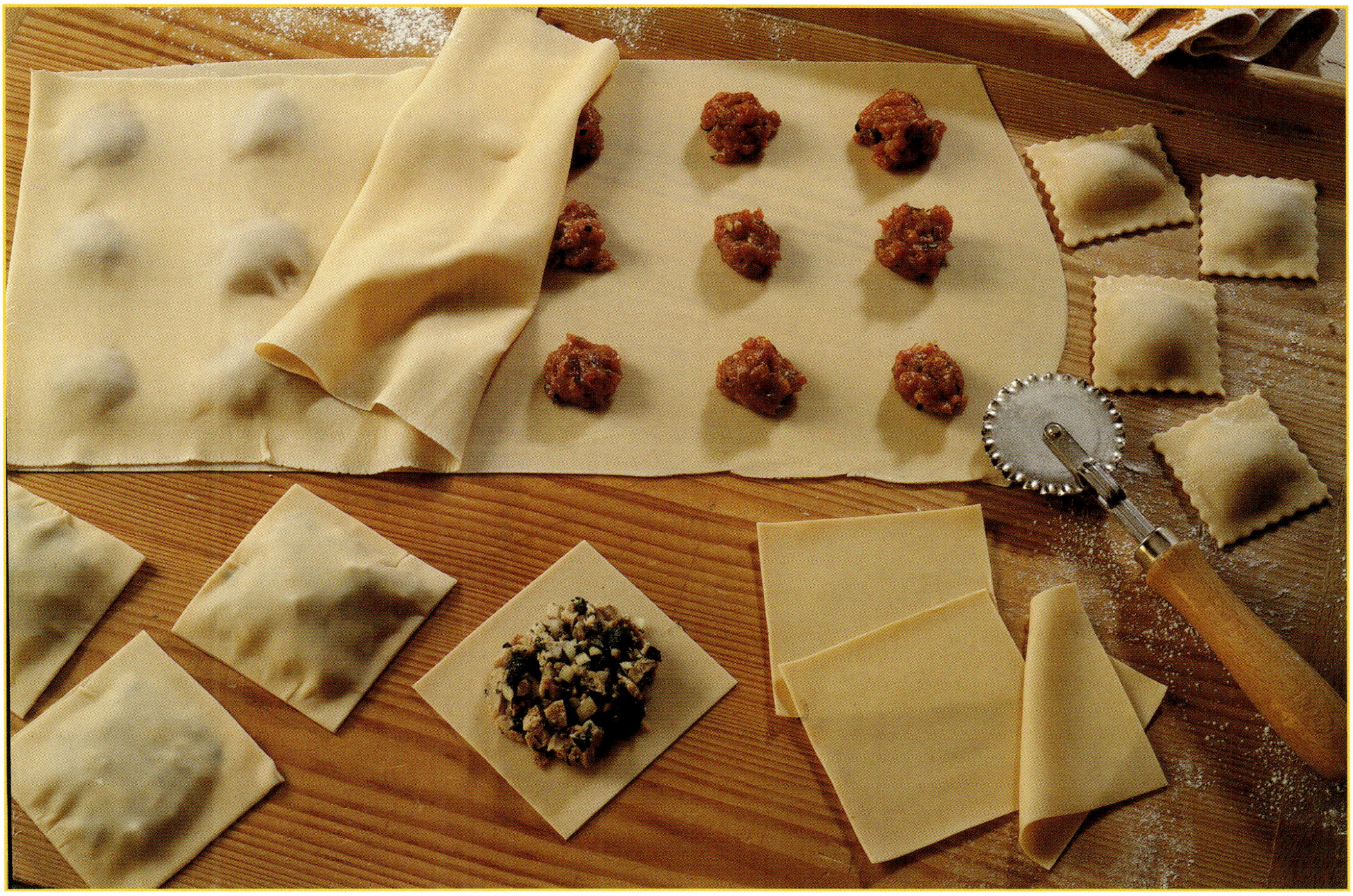

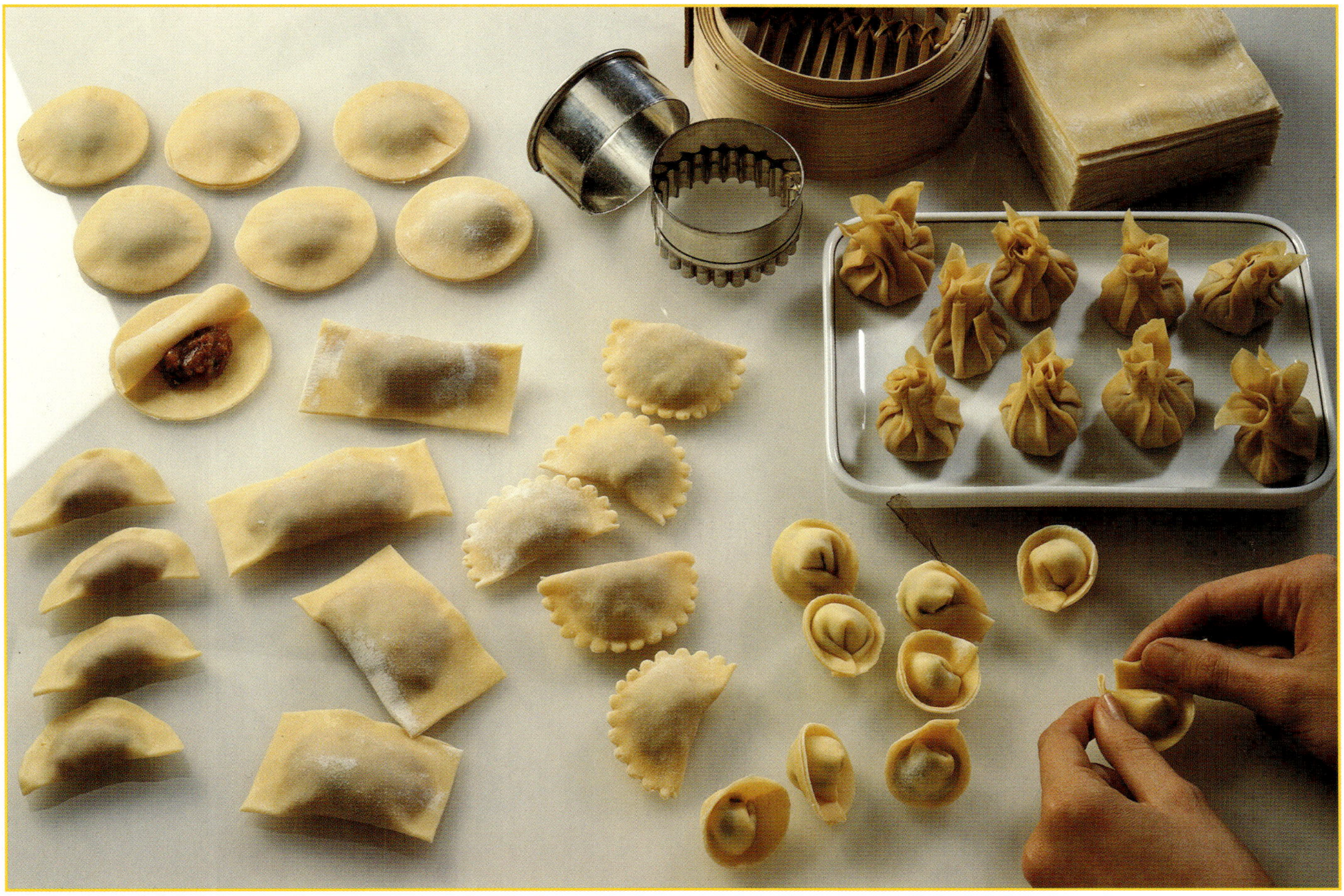

Cappelletti mit Fleischfüllung

Für den Teig:

200 g	Weizenmehl
1	Ei
1	Eigelb
·	Salz
1 TL	Olivenöl
ca.1–2 EL	Wasser

Für die Füllung:

100 g	luftgetrockneter Schinken
4–5	Salbeiblättchen
25 g	Butter
200 g	Kalbfleisch (gekocht oder gebraten)
3 EL	süße Sahne
1	Ei
3 EL	frisch geriebener Parmesan
·	Salz
·	frisch gemahlener weißer Pfeffer
·	Mehl für die Arbeitsfläche

Zum Servieren:

60 g	Butter
50 g	frisch geriebener Parmesan

Nach Belieben:

12	Salbeiblättchen
·	Butter

Aus den oben angegebenen Zutaten wie auf Seite 12 oder 14 beschrieben einen Nudelteig herstellen und ruhen lassen.

Für die Füllung: Schinken und Salbeiblättchen in feine Streifen schneiden und in der Butter kurz andünsten. Mit Kalbfleisch und Sahne im Mixer pürieren. Ei und Parmesan zufügen, salzen und pfeffern.

Den Teig etwa 2 Millimeter dünn ausrollen und Quadrate von 5 bis 6 Zentimeter schneiden. Mit einem Teelöffel etwas Füllmasse darauf geben, die Ränder anfeuchten, zu einem Dreieck umschlagen und zusammendrücken. Die Dreiecke um den Finger wickeln, die Enden so aufeinander drücken, dass ein Ring entsteht (siehe S. 52, Beschreibung für Tortellini). Die Spitzen hochschlagen, damit die *Cappelletti* wie Hütchen aussehen. Auf einer bemehlten Arbeitsfläche noch etwas ruhen lassen.

In siedendem Salzwasser in 5 bis 8 Minuten in 3 bis 4 Arbeitsgängen bissfest kochen. Mit einem Schaumlöffel herausnehmen und auf vorgewärmte Teller geben. Die Butter erhitzen und flüssig über die Cappelletti gießen. Mit Parmesan bestreut servieren. Nach Belieben Salbeiblättchen in Butter schwenken und zufügen.

Dem Erfindungsreichtum in Italien scheinen keine Grenzen gesetzt zu sein, was die Formen der gefüllten oder nicht gefüllten Nudeln angeht. Klar, dass dann allerlei griffige Namen herhalten müssen: *Cappelletti* sind kleine Hüte, und wenn Sie es geschickt anstellen, sehen Ihre selbst gemachten Vettern der Tortellini auch wirklich so aus.

Der Salbei mit seinem würzig-bitteren Geschmack passt ausgezeichnet zu Fleischgerichten. Außerdem ist er sehr gesund dank der Gerbsäure und auch der ätherischen Öle, die in seinen Blättern stecken.

Man nimmt an, dass im Mittelalter pflanzenkundige Benediktinermönche Salbei über die Alpen von seiner angestammten Heimat, den trockenen Kalkböden im Mittelmeerraum, zu uns gebracht haben.

Tortellini
nach Bologneser Art

Für den Teig:

300 g	Weizenmehl
3	Eier
▪	Salz
1 TL	Olivenöl

Für die Füllung:

20 g	Butter
je 80 g	Truthahn- oder Putenbrust, Kalbfleisch, Schweineschnitzel, Mortadella, Parmaschinken
1	Ei
1	Eigelb
100 g	frisch geriebener Parmesan
▪	Salz
▪	frisch gemahlener weißer Pfeffer
▪	abgeriebene Muskatnuss
▪	Mehl für die Arbeitsfläche

Zum Servieren:

1–1¼ Ltr	Brühe
▪	nach Belieben etwa 50 g geriebener Parmesan

Für den Teig: Aus den oben angegebenen Zutaten wie auf Seite 12 oder 14 beschrieben einen Nudelteig herstellen und 20 bis 30 Minuten ruhen lassen.

Für die Füllung: Die Butter zerlaufen lassen. Truthahnbrust, Kalb- und Schweinefleisch etwa 10 bis 12 Minuten leicht anbraten. Das etwas abgekühlte Fleisch mit Mortadella und Parmaschinken durch den Fleischwolf drehen oder pürieren. Ei, Eigelb und Parmesan zufügen und würzen.

Dann den Teig etwa 2 Millimeter dünn ausrollen. Kreise oder Quadrate von etwa 4 Zentimeter Durchmesser oder Kantenlänge ausschneiden. Etwas Füllmasse darauf geben. Die Ränder mit Wasser befeuchten und zu Halbmonden oder Dreiecken zusammenfalten. Die Ränder gut andrücken. Die Halbmonde oder Dreiecke um den Zeigefinger legen, mit etwas Wasser befeuchten, die Enden zusammendrücken.

Die Arbeitsfläche mit Mehl bestreuen, die Tortellini darauf legen und mit einem Tuch bedeckt etwa 20 bis 25 Minuten ruhen lassen. In kochender Brühe in 8 bis 9 Minuten bissfest kochen. Nach Belieben mit Parmesankäse bestreuen und in der Brühe servieren.

Die Bewohner von Bologna verstanden zu allen Zeiten gut zu speisen. Spezielle Produkte der Emilia-Romagna wie *Prosciutto*, luftgetrockneter Parmaschinken, *Parmigiano Reggiano* und Mortadella sind die Schätze, die sich im Innern dieser Teigtäschchen verbergen.

Culingiones

Für den Teig:

150 g	Mehl
150 g	Hartweizengrieß
3	Eier
▪	Salz

Für die Füllung:

250 g	Spinat
1	Zwiebel
1 EL	Butter
▪	Salz
▪	frisch gemahlener weißer Pfeffer
▪	geriebene Muskatnuss
200 g	sardischer Schafskäse
1	Ei
1–2 EL	Paniermehl

Zum Servieren:

ca. 500 g	sonnengereifte Tomaten
2 EL	Olivenöl
60 g	frisch geriebener Pecorino sardo

Für den Teig: Aus den angegebenen Zutaten wie auf Seite 12 beschrieben einen Pastateig herstellen und ruhen lassen.

Für die Füllung: Den Spinat waschen und nass im Topf zusammenfallen lassen, auspressen und hacken. Die Zwiebel klein schneiden und in der Butter andünsten, Spinat kurz dazugeben und würzen. Vom Herd nehmen und auskühlen lassen. Schafskäse, Ei und Paniermehl zufügen und mit dem Schneidstab pürieren.

Den Teig 2 Millimeter dünn ausrollen. Im Abstand von etwa 4 Zentimeter Füllmasse auf den Teig geben. Eine zweite Platte darauf legen (s. S. 52). Die Ränder anfeuchten und mit einem Rädchen Quadrate ausschneiden. Auf einer bemehlten Fläche liegen lassen.

Zum Servieren: Die Tomaten überbrühen, häuten und hacken. Olivenöl erhitzen, Tomaten zufügen, mit Salz und Pfeffer würzen und einköcheln lassen.

Die Teigtaschen portionsweise in siedendes Salzwasser geben und in 5 bis 8 Minuten bissfest kochen. Mit einem Schaumlöffel herausnehmen und auf vorgewärmte Teller verteilen.

Tomatenmus darüber geben und mit geriebenem *Pecorino sardo* bestreut servieren.

Schon immer war in Mittel- und Süditalien sowie auf Sardinien ein rustikaler Hartkäse aus Schafsmilch ein beliebter Begleiter für Pasta-Gerichte. Der *Pecorino sardo* zeichnet sich durch seinen pikanten, aber nicht zu scharfen Geschmack aus. Als Krönung über das fertige Gericht gerieben, verströmt er einen herzhaft würzigen Duft. Lassen Sie sich durch die *Culingiones* in den sonnigen Süden entführen!

Vollkorn-Cannelloni mit Fleischfüllung

Für den Nudelteig:

225 g	Vollkornweizenmehl
2	Eier
2–3 EL	(25 ml) Weißwein
2 TL	Olivenöl
▪	Salz
1 EL	Öl zum Kochen

Für die Füllung:

80 g	magerer geräucherter Bauchspeck
1	Selleriestange
1	Möhre
1	Zwiebel
1	Knoblauchzehe
2 EL	Olivenöl
250 g	Rinderhackfleisch
2 EL	Tomatenmark
75 ml	Rotwein
75 ml	Brühe
▪	Salz
▪	frisch gemahlener weißer Pfeffer
2 Stängel	frischer oder
1/2–1 TL	getrockneter Thymian
1	Lorbeerblatt
40 g	Paniermehl
1	Ei
1/2 Bund	glatte Petersilie

Für die Béchamelsauce:

45 g	Butter
40 g	Mehl
400 ml	Milch
▪	Salz
▪	frisch gemahlener weißer Pfeffer
▪	Butter für die Form
40 g	frisch geriebener Parmesan zum Bestreuen

■ **Für den Teig:** Aus den angegebenen Zutaten wie auf Seite 12 oder 14 beschrieben einen Teig zubereiten und dünn ausrollen. Etwa 10 Zentimeter große Quadrate ausschneiden und in kochendem Salzwasser, dem 1 Esslöffel Öl zugegeben wurde, portionsweise bissfest kochen. Herausnehmen und nebeneinander auf ein Küchentuch legen.

■ **Für die Füllung:** Bauchspeck, geputzte Selleriestange und Möhre in kleine Würfel schneiden. Zwiebel und Knoblauch schälen, Zwiebel hacken, Knoblauch zerdrücken oder sehr fein schneiden.

■ Den Bauchspeck in 2 Esslöffel Olivenöl anbraten. Das Gemüse und das Hackfleisch zugeben und 5 bis 6 Minuten unter öfterem Rühren anbraten. Tomatenmark zufügen. Mit Rotwein und Brühe ablöschen. Mit Salz, Pfeffer und Thymian würzen. Das Lorbeerblatt zugeben. Das Ganze 1/2 Stunde köcheln lassen.

Danach abkühlen lassen, das Lorbeerblatt herausnehmen. Die Petersilie waschen, trockenschütteln und hacken. Die Fleischfüllung damit und mit Paniermehl und Ei vermischen.

■ **Für die Sauce:** Die Butter in einem Topf zerlassen. Das Mehl hineinschütten und durchschmelzen lassen. Die heiße Milch zugießen und 8 bis 10 Minuten unter Rühren köcheln lassen. Mit Salz und Pfeffer abschmecken.

■ Die Füllung auf die Teigblätter legen, einrollen und nebeneinander mit der überlappenden Seite nach unten in eine eingefettete ofenfeste Form geben. Mit heißer Béchamelsauce bedecken und mit Parmesan bestreuen. In den auf 160 °C vorgeheizten Ofen geben und 6 bis 12 Minuten gratinieren.

D as Vollkornmehl verleiht den Cannelloni einen kräftigen Geschmack, der gut zu der Fleischfüllung passt. – Wer es einmal fleischlos mag, nimmt für die Füllung der großen Pastaröhren eine Mischung mit Linsen, Käse und passenden Gewürzen.

Nudeln aus Kärnten

Kasnudeln: (oben)
Für den Teig:

250 g	**Mehl, auch zum Ausrollen**
▪	**Salz**
2	**Eier**
1 TL	**Öl**

Für die Füllung:

250 g	**mehlig kochende Kartoffeln**
250 g	**Schichtkäse**
▪	**Salz**
je 1	**kleines Bund Minze und Kerbel**
1	**kleine Stange Lauch**
▪	**schwarzer Pfeffer**
100 g	**Butter zum Schwenken**

Krautfleckerln:
Für den Teig:

250 g	**Mehl, auch zum Ausrollen**
▪	**Salz**
2	**Eier**
1 TL	**Öl**

Für das Kraut:

1	**kleiner Weißkohl**
1	**mittelgroße Zwiebel**
100 g	**durchwachsener Speck**
3 EL	**Sonnenblumenöl**
1 EL	**Zucker**
▪	**Salz**
▪	**schwarzer Pfeffer**

Kasnudeln

Für den Teig: Mehl und 1 Teelöffel Salz in eine Schüssel sieben. Eier und Öl in die Mitte geben, alles zu einem elastischen Teig verkneten. Nach Bedarf etwas kaltes Wasser zufügen. Den Teig zugedeckt 1/2 Stunde ruhen lassen.

Für die Füllung: Die Kartoffeln in der Schale garen, pellen und noch heiß durch ein Sieb in eine Schüssel streichen. Den Schichtkäse sowie 1 Teelöffel Salz zufügen. Die Kräuter abspülen, Blättchen fein hacken. Den Lauch putzen, längs halbieren, waschen und in feine Streifen schneiden. Mit den Kräutern in die Schüssel geben, mit Pfeffer würzen, alles gut vermischen.

Den Teig teilen, dünn ausrollen, dann Kreise von 7 bis 8 Zentimeter Durchmesser ausstechen. In die Mitte 1 gehäuften Teelöffel Füllung geben. Eine Teighälfte darüber klappen und die Ränder mit einer Gabel fest zusammendrücken.

Die Nudeln in Salzwasser garen. Die Butter erhitzen, braun werden lassen und über die abgetropften Kasnudeln gießen, die appetitlich mit einem grünen Salat serviert werden.

Krautfleckerln

Für die Krautfleckerln den Teig genauso herstellen wie für die Kasnudeln.

Für das Kraut: Den Weißkohl von den äußeren harten Blättern befreien, den Kohl vierteln, abspülen und raffeln. Die Zwiebel schälen und mit dem Speck würfeln. Das Öl in einem großen flachen Topf erhitzen und den Zucker darin leicht bräunen. Zwiebel und Speck zufügen und anbraten. Das Kraut unterheben und bei sanfter Hitze 15 Minuten braten, bis es sich zu bräunen beginnt. Dabei immer wieder wenden. Das Kraut mit Salz und Pfeffer abschmecken.

Die Fleckerln dünn ausrollen und zu Bandnudeln schneiden. In einem Topf reichlich Wasser mit 1 Teelöffel Salz aufkochen und die Fleckerln darin 6 bis 8 Minuten sanft garen, abgießen und unter das Kraut mischen.

Kasnudeln, eine Spezialität aus dem Süden Österreichs, aus Kärnten, werden als Hauptgericht gereicht. Krautfleckerln dienen eher als Beilage, machen in entsprechender Menge aber leicht satt.

Maultaschen schwäbisch

Zutaten für 10 Personen

Für den Nudelteig:

- 750 g **Mehl**
- 6 **Eier**
- ▪ **Salz**
- 6 EL **Wasser**

Für die Fülle:

- 2 **Brötchen**
- 50 g **Lauch (Porree)**
- 250 g **Spinat**
- 50 g **durchwachsener Bauchspeck**
- 1 **Zwiebel**
- 500 g **Hackfleisch**
- 500 g **Kalbsbrät**
- 4 **Eier**
- ▪ **Salz**
- ▪ **Pfeffer**
- ▪ **geriebene Muskatnuss**
- ▪ **Majoran**
- 1 **Eigelb**

Den fertig gekneteten Teig (vgl. Grundrezept S. 12 oder 14) sehr dünn ausrollen und in etwa 1 Meter lange und 20 Zentmeter breite Streifen schneiden.

Für die Fülle die Brötchen in Wasser einweichen, ausdrücken. Lauch und Spinat putzen, kurz andämpfen und alles durch den Fleischwolf drehen. Den fein gewürfelten Speck andünsten, die Zwiebel schälen, fein hacken und mit Hackfleisch, Kalbsbrät, Eiern, Gemüsepüree und Gewürzen vermengen und abschmecken.

Einen der Teigstreifen mit Eigelb einpinseln und entlang einer Kante eine etwa 5 Zentimeter dicke Wurst aus der Füllmasse legen. Daraus eine lange Rolle drehen, etwas flach drücken und zu etwa 7 Zentimeter großen Rauten schneiden. Die offenen Teigkanten aufeinander drücken. Auf diese Weise den ganzen Teig mit Füllmasse zu Maultaschen formen und diese in siedendem Salzwasser 15 Minuten gar kochen.

Maultaschen schmecken aus der Brühe, angeschmälzt oder in Scheiben geschnitten angeröstet, eventuell zusammen mit einem aufgeschlagenen Ei. Zu den geschmälzten und gerösteten passt am besten ein Kartoffelsalat.

Ob die Maultaschen in China erfunden wurden oder nicht – eine schwäbische Version lautet so: Man wollte in der Fastenzeit verbergen, dass eine gehörige Menge Fleisch in fein zerkleinerter Form im Teigmantel steckt. Die Grundsatzfrage freilich, ob in die Maultaschen Spinat gehört oder nicht, die hat schon ganze Familien entzweit. Wir meinen: Spinat muss sein, so sicher wie das Amen in der Kirche. Aber wenn Sie die Maultaschenfülle lieber ohne Spinat mögen – bitte sehr! Oder auch ganz ohne Fleisch sind allerlei Varianten möglich, außer Spinat mit anderem Gemüse wie Möhren, mit allerlei Kräutern, mit Käse. Wichtig ist, dass die nach Ihrem Gusto zusammengestellte Masse nicht auseinander fällt.

Und zu dem unerschöpflichen Thema noch weitere Tipps:
Herzhaft-deftig schmeckt ein Salat aus Maultaschen: Die lauwarmen Maultaschen in Scheiben schneiden und in einer Salatsauce aus Weißweinessig, Öl, Salz, Zucker und fein geschnittenen Röhrchen von Schnittlauch und Frühlingszwiebeln schwenken. Mit Salz und Pfeffer nachwürzen, auf Kopfsalatblättern anrichten und mit einem Radieschen verzieren.
Rechnen Sie vier Maultaschen pro Person.

Ravioli mit Spinat und Ricotta

Ravioli di magro

Für den Nudelteig:

400 g	**Weizenmehl, Type 405**
4	**Eier**
1	**gestrichener TL Salz**
1 EL	**natives Olivenöl extra**

Für die Füllung:

200 g	**junger Spinat**
30 g	**Butter**
▪	**Salz**
▪	**frisch gemahlener Pfeffer**
250 g	**frischer Ricotta oder Schichtkäse**
▪	**geriebene Muskatnuss**
2 EL	**Olivenöl**
120 g	**Butter**
8	**Salbeiblätter**

Tipp:

Den Teig für gefüllte Nudeln immer sofort weiterverarbeiten, weil dann die Nudelbahnen besser aufeinander haften.

Für den Nudelteig das Mehl auf dem Teigbrett aufhäufen, in der Mitte eine Mulde eindrücken, die frisch aufgeschlagenen Eier hineingleiten lassen, Salz und Olivenöl zugeben. Die Eier mit einer Gabel 1 bis 2 Minuten lang schlagen. Dann immer wieder etwas Mehl dazugeben, bis ein Teig entsteht. Jetzt von den Rändern her das Mehl mit den Händen darunter kneten, bis der Teig fest und geschmeidig ist und nicht mehr klebt. Bis zum Ausrollen in Klarsichtfolie einpacken.

Für die Füllung den Spinat gut waschen, aus dem Wasser nehmen und mit dem anhängenden Wasser in einem größeren Topf kurz erhitzen, bis er zusammenfällt. Mit einem Stich Butter verfeinern und durchschwenken, mit Salz und Pfeffer würzen. Wenn der Spinat etwas abgekühlt ist, gut ausdrücken und auf dem Schneidbrett fein hacken. Mit Ricotta oder abgetropftem Schichtkäse gut vermengen, eventuell nachwürzen und mit frisch gemahlener oder abgeriebener Muskatnuss das Aroma steigern.

Den Nudelteig auf mehrere Male immer dünner auswalzen und über das bemehlte Raviolibrett legen. Die Vertiefungen für die Füllung zeichnen sich so auf dem Teig ab. Die Spinat-Ricottamasse mit einem Teelöffel einfüllen. Die Teigbahn mit wenig Wasser rings um die Füllungen befeuchten, eine zweite Teigplatte darüber legen und leicht andrücken. Teigplatten umdrehen und mit dem Teigrädchen Quadrate ausrädeln. In leise kochendem Salzwasser mit Olivenöl in wenigen Minuten gar ziehen lassen.

Die Butter mit den Salbeiblättern in einer kleinen Kasserolle schmelzen, ein paar Minuten warm halten, dass der Salbei sein Aroma abgeben kann. Dann über die abgetropften Ravioli verteilen. Auf heißen Tellern servieren.

Ravioli sind für viele „buongustai" der Inbegriff der leichten und duftenden italienischen Küche und eine glückliche Verschmelzung von Pasta, Gemüse, Käse und Fleisch. Diese Variante stammt aus Ligurien. Ihren Namen haben sie von der bekanntesten Füllung aus Ricotta und Blättern von Rüben, die im Mittelalter „rabiola" nach „rapa", der Rübe, genannt wurden.
Zur einfachen Verarbeitung eignet sich das abgebildete Raviolibrett mit den Löchern viel besser als das schwierig zu handhabende Wellholz und andere komplizierte technische Erfindungen.

Grünkern-Ravioli mit Steinpilzfüllung

Für den Teig:

- **100 g** **Grünkernmehl**
- **100 g** **Vollkornweizenmehl**
- **·** **Salz**
- **2** **Eier**
- **2 TL** **Olivenöl**
- **ca. 1 EL** **Wasser**
- **1/2 TL** **getrockneter Majoran**

Für die Füllung:

- **200 g** **Steinpilze**
- **25 g** **Butter**
- **1/2 TL** **Zitronensaft**
- **·** **Salz**
- **·** **frisch gemahlener weißer Pfeffer**
- **2–3 EL** **frisch geriebene Semmelbrösel**
- **1** **Eigelb**
- **ca. 2 EL** **süße Sahne**

Zum Anrichten:

- **40 g** **Butter**
- **40 g** **Pinienkerne**

Für den Teig: Aus den oben angegebenen Zutaten wie auf Seite 12 oder 14 beschrieben einen Nudelteig herstellen und etwa 2 Stunden ruhen lassen.

Für die Füllung: Steinpilze putzen, hacken und kurz in Butter andünsten. Mit Zitronensaft, Salz und Pfeffer würzen, Semmelbrösel, Eigelb und Sahne zufügen.

Nach dem Ruhen den Teig 2 Millimeter dünn ausrollen und im Abstand von etwa 4 Zentimeter jeweils etwas Füllung darauf geben (siehe S. 52). Eine zweite Teigplatte darüber schlagen, die Ränder mit Wasser befeuchten, andrücken und ausrädeln. Im gerade eben siedenden Wasser in 6 bis 7 Minuten bissfest garen.

Die garen Ravioli mit einem Schaumlöffel herausnehmen, abtropfen lassen und auf vorgewärmten Tellern verteilen.
Pinienkerne in zerlassener Butter wenden und über die Ravioli geben.

Diese kernige Variante Ravioli bezieht ihren pikanten Geschmack zum einen aus den Pilzen, zum anderen aus dem immer noch recht raren Korn. Die grünliche Farbe hat dem noch unreifen Dinkel den Namen Grünkern gegeben. Tatsächlich muss er in manchen rauhen Gegenden schon vor der Reife geerntet werden. Der hohe Feuchtigkeitsgehalt setzt jedoch die Lagerfähigkeit herab. Durch Darren, das ist ein leichtes Rösten, wird er nicht nur haltbarer gemacht, sondern bekommt dadurch auch sein typisches Aroma.

Pasta mit Kürbisfüllung

Tortelli di zucca

Für die Füllung:

1,5 kg	gelbes Kürbisfleisch, mit der Schale
100 g	zerstoßene Amaretti-Kekse
150 g	Cremoneser Senffrüchte, in Sirup eingelegt
50 g	frisch geriebener junger Grana padano
▪	Salz
▪	Pfeffer
1 EL	Zitronensaft
▪	abgeriebene Schale von 1 unbehandelten Zitrone

Für den Pastateig:

300 g	Weizenmehl, Type 405
3	Eier
1 EL	natives Olivenöl extra
1 Ei	zum Bestreichen
▪	Salz fürs Kochwasser
120 g	Butter

Die Füllung am Tag vorher zubereiten. Dazu den Kürbis in Spalten schneiden und Kerne herausnehmen. Im Backofen in der Fettpfanne bei 220 °C, Gas Stufe 4, garen.

Wenn das Kürbisfleisch weich ist, die Spalten schälen, im Mixer pürieren und das Mus mit den zerstoßenen Amaretti-Keksen vermengen.

Die Senffrüchte sehr fein schneiden, 3 Esslöffel des Sirups und den jungen *Grana padano* darunter mischen und mit Salz, Pfeffer, Zitronensaft und -schale abschmecken. Wenn die Füllung etwas zu feucht sein sollte, noch einige *Amaretti* zerstoßen und dazugeben. Zugedeckt kühl stellen.

Für die Nudeln aus Mehl, Eiern und Olivenöl (wie auf Seite 66 für Ravioli beschrieben) einen Pastateig zubereiten und dünn auswalzen. Davon 8 Zentimeter große Quadrate ausschneiden.

In die Mitte jeweils 1 Teelöffel der Kürbisfüllung setzen, den Rand mit verquirltem Ei bestreichen, die Quadrate diagonal zu Dreiecken falten und die Ränder festdrücken. Die Dreiecke um den Zeigefinger rund formen und die Spitzen zusammendrücken. Auf einem sauberen Küchentuch etwas trocknen lassen.

In siedendem Salzwasser einige Minuten gar ziehen lassen.
Die Butter schmelzen. Die Pasta abgießen und mit der Butter anrichten.

Wer auf der Fahrt durch die Po-Ebene Nebenstraßen fährt, trifft vielleicht auf das winzige Dorf San Giacomo del Po. Es liegt unterhalb des Po, nur durch einen Deich vor den Wassern geschützt. Dieses Rezept stammt aus dem Lokal „Da Alfeo", seit langem in Familienbesitz. Die Küche ist für Mantua und seine Umgebung typisch, mit mindestens vier Sorten Pasta. Und dazu gehören immer *Tortelli di zucca*, Nudeln mit fast süßer Kürbis-Füllung. Dann gibt's in der Regel noch ein paar deftige Fleischgänge, alles in allem eine sehr herzhafte Kost, aber man kann ja hinterher auf dem Damm unter den riesigen Pappeln einen langen Spaziergang machen. Schön, an dem breiten Fluss, wenn der Wind zwischen dem Schilf singt.

Schlutzkrapfen

Südtiroler Schlutzkrapfen
(Foto)

Für den Teig:
- **500 g Mehl**
- **2 Eier**
- **Salz**
- **1 EL Öl**
- **eventuell etwas lauwarmes Wasser**

Für die Füllung:
- **800 g Spinat**
- **Salz**
- **1/2 Bund Petersilie**
- **1 kleine Zwiebel**
- **1/4 Ltr Milch**
- **40 g Butter**
- **1 EL Mehl**
- **Pfeffer**
- **geriebene Muskatnuss**
- **1 EL geriebener Parmesan**

Zum Anrichten:
- **60 g geriebener Parmesan**
- **80 g Butter**

Variante:
Tiroler Schlutzkrapfen
Für den Teig:
- **400 g Roggenmehl,**
- **100 g Weizenmehl**
- **1 Ei, 3 EL Öl, Salz**
- **ca. 3/8 Ltr Wasser**

Für den Teig alle Zutaten zu einem nicht zu festen Teig kneten, wenn nötig etwas lauwarmes Wasser zugeben und 1 Stunde zugedeckt ruhen lassen.

Für die Füllung den Spinat waschen, in Salzwasser gar kochen, abgießen und gut ausdrücken. Die Petersilie waschen, trockenschütteln und mit dem Spinat vermischt sehr fein hacken. Die Zwiebel schälen und klein schneiden. Die Milch erhitzen. Die Zwiebel in Butter glasig werden lassen, mit Mehl bestreuen, die heiße Milch zugießen, alles gut verrühren und etwas einkochen lassen. Den Spinat hinzufügen, mit Salz, Pfeffer, Muskat und Parmesan würzen. Erkalten lassen.

Den Teig sehr dünn ausrollen, möglichst schnell arbeiten, damit er nicht austrocknet. Mit einem Teigrädchen in etwa 8 Zentimeter große Quadrate schneiden und je 1 Löffel Füllung darauf geben. Die Quadrate zu Dreiecken falten und die Ränder gut festdrücken.
Die Schlutzkrapfen in viel Salzwasser 5 Minuten sieden, abgießen.

Zum Anrichten die Butter zerlassen. Mit Parmesan bestreuen und mit der flüssigen Butter übergießen.

Tiroler Schlutzkrapfen

Die Zutaten ähneln denen der Südtiroler Schlutzkrapfen, man nimmt weniger Spinat und harten bis halbharten Käse nach Belieben.

Aus den Teigzutaten einen glatten Teig kneten, dünn ausrollen, etwas ruhen lassen und mit einem Glas oder einer Form Blätter von 6 bis 7 Zentimeter Durchmesser herstellen.
Die Füllung wird wie im Südtiroler Rezept zubereitet, die Schlutzkrapfen werden ebenso gegart und angerichtet.

In Italien heißen sie Ravioli, in Südtirol und Tirol Schlutzkrapfen, in Schwaben Maultaschen. Wenn sie sich auch in Größe und Form unterscheiden, ist allen gemeinsam die leckere Füllung, die freilich von Fall zu Fall stark variiert – selbst Quark oder Marmelade kommen als Füllung für den Nudelteig in Frage (s. auch Rezept S. 106).

Nudelteigtaschen mit Mungobohnenkeimen

Für den Teig:

120 g	Hartweizengrieß
120 g	Vollkornmehl
2	Eier
1	Eigelb
▪	Salz

Für die Füllung:

1	Zwiebel
2	Knoblauchzehen
2–3 EL	Sojaöl
200 g	Mungobohnenkeime
▪	etwa 1 EL indonesische Sojasauce (Ketjap Manis)
1	Messerspitze Sambal Manis
1	Eiweiß
2 EL	Sesamöl

Zum Kochen:

1 EL	Öl

Für den Teig: Aus den angegebenen Zutaten wie auf Seite 12 oder 14 beschrieben einen Nudelteig kneten und etwa 40 bis 60 Minuten unter einer angewärmten Schüssel ruhen lassen.

Für die Füllung: Zwiebel und Knoblauch schälen, die Zwiebel hacken, den Knoblauch zerdrücken oder sehr fein schneiden. Das Öl erhitzen und die Zwiebel andünsten. Knoblauch und Mungobohnenkeime zugeben, etwa 4 bis 5 Minuten unter Rühren garen. Mit 1 Esslöffel *Ketjap Manis* und *Sambal Manis* abschmecken und erkalten lassen.
Den Teig ausrollen und Kreise von etwa 8 Zentimeter Durchmesser schneiden. Etwas Füllung darauf geben, die Ränder mit dem Eiweiß bestreichen und zu einem Halbkreis formen. Die Ränder gut zusammendrücken. In kochendem Salzwasser, dem 1 Esslöffel Öl zugefügt wurde, in etwa 5 bis 7 Minuten sieden lassen. Mit einem Schaumlöffel herausnehmen und abtropfen lassen.

Restliche Sojasauce und Sesamöl mischen und zu den Nudeltäschchen reichen.

Indonesiens Vegetation ist sehr üppig und bringt die verschiedensten Gewürze hervor. Entsprechend vielfältig sind auch die Speisen beschaffen. Dieses Rezept wird Vegetariern gefallen, aber auch Nicht-Vegetariern werden die pikanten Täschchen ausgezeichnet schmecken.
Sambal Manis, eine Gewürzpaste aus Indonesien, enthält zerkleinerten spanischen Pfeffer und andere Gewürze. Sie ist sehr scharf. Daher ist sparsamer Gebrauch angeraten. Dagegen ist die indonesische Würzsauce *Katjap Manis* mild-süß.

Kundjumy

Für die Füllung:

¼ Ltr	**Wasser**
20 g	**getrocknete Steinpilze**
1	**Zwiebel**
½ Bund	**Petersilie**
600 ml	**Wasser**
100 g	**fein geschroteter Buchweizen**
▪	**Salz**
▪	**frisch gemahlener weißer Pfeffer**
3 EL	**Sonnenblumenöl**
1	**Ei**

Für den Teig:

4 EL	**Sonnenblumenöl**
100 ml	**Wasser**
▪	**Salz**
250 g	**Mehl**

Für die Form:

▪	**Butter**

Für die Brühe:

½ Ltr	**Wasser**
2	**Lorbeerblätter**
1–2	**Wacholderbeeren**
5	**Pfefferkörner**
2	**Knoblauchzehen**
▪	**Salz**
½ Bund	**Petersilie**

Als Garnitur:

½ Bund	**Schnittlauch**
300 g	**saure Sahne**

Für die Füllung: ¼ Liter Wasser nur leicht erhitzen. Die Steinpilze in dem lauwarmen Wasser etwa 20 Minuten einweichen. Inzwischen die Zwiebel schälen, die Petersilie waschen, beides hacken und beiseite stellen.

600 Milliliter Wasser zum Kochen bringen, Buchweizenschrot hineinrühren. Bei geringer Hitze unter weiterem Rühren etwa 6 Minuten köcheln lassen. Mit Salz und Pfeffer würzen, abkühlen lassen.

Die Steinpilze aus dem Wasser nehmen und abtropfen lassen, Steinpilzbrühe aufheben und Pilze klein hacken. Das Sonnenblumenöl erhitzen, Zwiebel hineingeben, andünsten, dann die Pilze zufügen und weitere etwa 2 Minuten dünsten. Petersilie dazugeben. Buchweizenbrei, Pilze und Ei miteinander verrühren und auskühlen lassen.

Für den Teig: Das Öl in eine Schüssel geben. 100 Milliliter Wasser zum Kochen bringen, salzen, in das Öl gießen, dann das Mehl hineinschütten und schnell zu einem Teig verarbeiten. Gut durchkneten und sofort dünn ausrollen. Teigquadrate von etwa 5 bis 7 Zentimeter ausschneiden.

Jeweils 1 Teelöffel Füllung auf ein Teigquadrat setzen, die vier Ecken zur Mitte hin zusammennehmen und wie ein Beutelchen zusammenfassen. Eine große Auflaufform einfetten, die *Kundjumy* nebeneinander hineinsetzen und 12 bis 15 Minuten in den auf 140 °C (Gas Stufe 1–2) vorgeheizten Ofen geben.

Für die Brühe: Das Wasser mit der Pilzbrühe, den Lorbeerblättern, den Wacholderbeeren und den Pfefferkörnern sowie dem geschälten und zerdrückten Knoblauch und Salz zum Kochen bringen. Petersilie waschen, hacken und zufügen. Die Brühe dann über die *Kundjumy* gießen. Weitere 12 bis 18 Minuten im Backofen belassen.

Für die Garnitur den Schnittlauch waschen, in Röllchen schneiden, mit der sauren Sahne verrühren und alles zum Schluss über die fertigen *Kundjumy* gießen. Sofort auftischen.

Makkaroniauflauf mit Paprikasauce

je 100 g	**Karotten, Spargel und Erbsen**
100 g	**gekochter Schinken**
350 g	**Makkaroni**
▪	**Salz**
1 EL	**Öl**
1 EL	**Butter**
2 EL	**Paniermehl**
6	**Eier**
1/2 Ltr	**Milch**
1	**Messerspitze geriebene Muskatnuss**

Für die Sauce:

1	**grüne Paprikaschote**
▪	**etwas Butter**
1/4 Ltr	**Paprikasauce**

Das Gemüse putzen, die Karotten würfeln, den Spargel in Stücke schneiden. Beides zusammen mit den Erbsen in wenig Wasser etwa 10 Minuten dünsten. Oder Sie nehmen je 100 Gramm fertiges Dosengemüse. Den Schinken würfeln und mit dem Gemüse vermischen. Die Makkaroni, die Sie nach Belieben in 2 bis 3 Stücke brechen können, in 2 bis 3 Liter Salzwasser, dem Öl beigegeben wurde, 8 bis 10 Minuten noch bissfest kochen, abgießen und abtropfen lassen.

Eine große Auflaufform ausbuttern und mit dem Paniermehl ausstreuen. Den Boden der Form mit Makkaroni abdecken, abwechselnd je eine Schicht Schinken-Gemüse-Mischung und Makkaroni einlegen und mit Makkaroni abschließen.

Die Eier mit der Milch, mit 2 bis 3 Messerspitzen Salz und dem Muskat verquirlen und in die Form gießen. Mit einer Gabel nachhelfen, damit die Eiermilch überall durchsickern kann.

Den Auflauf im Backofen bei 180 °C (Gas Stufe 2–3) etwa 50 bis 60 Minuten backen, bis die Masse vollkommen eingedickt ist.

Für die Sauce: Die Paprikaschote waschen, von den Kernen und Scheidewänden befreien, die Frucht würfeln, in Butter dünsten, mit der Paprikasauce angießen. Aufkochen lassen und zu dem in Stücke oder Scheiben geschnittenen Auflauf servieren.

Makkaroni, italienisch *Maccheroni*, sind die tulpenstengeldicken, außen glatten Röhrennudeln. Sie werden aus Hartweizengrieß hergestellt. Je nach Art Ihrer Auflaufform und nach Geschmack können sie in Stücke gebrochen werden. Damit ähneln sie von der Länge den kürzeren, allerdings gerillten *Rigatoni* oder auch den schräg geschnittenen *Penne*. Diese beiden Nudelsorten können für unseren Auflauf genauso verwendet werden, wenn einmal keine Makkaroni im Haus sind. Schmecken wird der leckere Auflauf in jeder Variante. Denn die Nudeln sollen hier dreierlei bewirken: die Flüssigkeit in geordnete Bahnen lenken, satt machen und dem fertigen Gericht ein bienenwabenähnliches, appetitliches Aussehen verleihen.

Nudelgratin valaisanne

300 g	**Nudeln**
·	**Salz**
400 g	**kleine Zucchini**
500 g	**Tomaten**
1 EL	**Öl**
400 g	**Schweinefleisch, geschnetzelt**
1 EL	**Mehl**
2	**Zwiebeln**
2	**Knoblauchzehen**
100 ml	**Rotwein**
1 EL	**Bratensaucenpulver**
2–3	**Zweige Thymian**
·	**Pfeffer**
50 g	**Butter**
50 g	**Bergkäse**

Die Nudeln in etwa 3 Liter Salzwasser in 10 Minuten bissfest kochen, abgießen und abtropfen lassen.

Die Zucchini putzen, die Tomaten waschen, vom Stielansatz befreien, beides in Scheiben schneiden und in einem Topf oder einer Pfanne in wenig Wasser 5 bis 10 Minuten dünsten.

Das Öl in einer Bratpfanne erhitzen, Fleisch hineingeben, mit Mehl bestreuen und unter Wenden anbraten. Zwiebeln und Knoblauch schälen, Zwiebeln hacken, Knoblauch fein zerkleinern oder pressen, beides zum Fleisch geben und mitdünsten. Mit dem Wein ablöschen, das Saucenpulver dazumischen, mit dem fein gehackten Thymian, Salz und Pfeffer würzen.

Nudeln, Gemüse und Fleisch lagenweise in eine mit Butter gefettete Gratinform geben. Den Käse reiben und mit der restlichen, in Flocken geteilten Butter darüber streuen. Bei guter Hitze (200 °C, Gas Stufe 3) 30 Minuten gratinieren.

Dazu passt ein Walliser Rotwein gut, zum Beispiel ein Dôle.

Gratinieren bedeutet mit großer Hitze überbacken, und *valaisanne* bezeichnet die Herkunft aus dem Schweizer Kanton Wallis. Hauptfluss ist dort anfangs der Rotten, dessen Name sich mit der Sprachgrenze bald in Rhone verwandelt. Nach dem Durchfließen des Genfer Sees bekommt das O noch einen Accent circonflexe, und *le Rhône* strebt mit einigen, durch den Gebirgsbau bedingten Richtungswechseln schließlich dem Mittelmeer zu.

So gemischt schweizerdeutsch-französisch wie die Namen im Wallis sind auch die Zutaten, die unseren leckeren Nudelauflauf prägen: Teigwaren, Gemüse, Käse, Gewürze.

Griechischer Nudelauflauf

Pastitio

500 g	**Makkaroni**
·	**Salz**
150 g	**Butter**
2	**Eier**
100 g	**Feta**
·	**Zimt**
·	**geriebene Muskat-nuss**
2–3	**Zwiebeln**
2	**Frühlingszwiebeln**
700 g	**Hackfleisch**
1 Tasse	**Weißwein**
5–6	**reife Tomaten**
·	**klein gehackte Minze und Petersilie nach Geschmack**
·	**Pfeffer**
·	**Butter und Panier-mehl für die Form**
1 Tasse	**geriebener Parmesan**

Zum Überbacken:

3 EL	**Mais- oder Kartoffelmehl**
1/2 Ltr	**Milch**
2 EL	**Butter**
3	**Eier**
·	**Salz**

Die Makkaroni in Salzwasser bissfest kochen, abschütten und mit 100 Gramm Butter vermischen. Die Eier schlagen, den Feta-Käse hineinbröseln, Zimt und Muskatnuss dazugeben und das Ganze mit den Makkaroni vermengen.

Die Zwiebeln und die Frühlingszwiebeln schälen, fein schneiden und in der restlichen Butter dünsten. Das Hackfleisch dazugeben, leicht bräunen und dann mit Wein ablöschen.

Die Tomaten häuten und die Kerne entfernen. Die Tomaten fein hacken und zum Fleisch geben, Minze und Petersilie, Salz und Pfeffer und 1 Tasse Wasser hinzufügen. Das Ganze nun 20 Minuten köcheln lassen.

Eine Auflaufform mit Butter ausstreichen und mit Paniermehl ausstreuen. Die Hälfte der Makkaroni hineinfüllen und mit etwa der halben Menge des Parmesans bestreuen. Das Hackfleisch darüber geben und die restlichen Makkaroni darauf schichten.

Zum Überbacken: Mais- oder Kartoffelmehl in etwas kalter Milch anrühren. Die restliche Milch erhitzen und das aufgelöste Stärkemehl unter Rühren langsam hineingegeben. Unter ständigem Rühren aufkochen lassen, den Topf vom Feuer nehmen, die Eier verquirlen und mit der Butter hineinrühren. Mit Salz abschmecken und noch einmal gut umrühren.
Diese Creme über die Makkaroni gießen und mit dem restlichen Parmesankäse bestreuen.

Das *Pastitio* bei mittlerer Hitze 1 Stunde im Ofen backen. Vor dem Servieren etwas abkühlen lassen.

Nach dem Zusammenbruch des Oströmischen Reiches beanspruchten auch die mächtigen italienischen Seestaaten, Venedig und Genua, Teile von Griechenland, vornehmlich Kreta und die Inseln. Die Inseln des Dodekanes waren bis nach dem Zweiten Weltkrieg italienisches Hoheitsgebiet. Kein Wunder also, dass auch die italienische Küche Spuren hinterlassen hat, zum Beispiel das *pastitio*, bei dem sich Italienisches mit Kleinasiatischem vermischt.

Cannelloni mit Wildbretfüllung

Für die Füllung:

2	Frühlingszwiebeln
1	Knoblauchzehe
250 g	Wildbret
60 g	gekochter Schinken
150 g	Geflügelleber
1 Bund	glatte Petersilie
50 g	Butter
2 cl	Kognak
1/8–1/4 Ltr	süße Sahne
▪	Salz
▪	schwarzer Pfeffer
je 1/2 TL	Piment und getrockneter Majoran
1 TL	abgeriebene unbehandelte Zitronenschale
1 TL	Zitronensaft
2	Eier
4 EL	Paniermehl
▪	je nach Größe 12–16 ofenfertige Cannelloni

Für die Sauce:

gut 1/2 Ltr	Milch
45 g	Butter
40 g	Mehl
▪	frisch gemahlener weißer Pfeffer
▪	einige Tropfen Worcestershiresauce

Für die Form:

▪	Butter

Für die Füllung: Die Frühlingszwiebeln waschen, putzen und in schmale Ringe schneiden, den Knoblauch schälen und zerdrücken. Das Fleisch durch die feine Scheibe des Fleischwolfs drehen. Den Schinken und die Geflügelleber getrennt in kleine Stücke schneiden. Petersilie waschen, hacken und etwas für die Garnitur zurückbehalten.

Die Hälfte der Butter in einer Pfanne zerlaufen lassen und darin die Zwiebeln andünsten. Knoblauch zufügen, kurz durchrühren und in eine Schüssel geben. In der gleichen Pfanne die Leber etwa 1 1/2 bis 2 Minuten rosa braten, dann zu den Zwiebeln geben.

Die restliche Butter erhitzen und das Wildbret anbraten. Mit Kognak ablöschen. Die Sahne zufügen und unter ständigem Rühren etwa 6 bis 8 Minuten garen.
Mit Salz, schwarzem Pfeffer, Piment, Majoran, Zitronenschale und -saft würzen und mit der Leber vermischen. Schinken, Petersilie, Eier und Paniermehl unterrühren, nochmals abschmecken und in die Cannelloni füllen.

Für die Sauce: Die Milch erhitzen, nicht kochen. In einem anderen Topf die Butter erhitzen, Mehl hineinschütten und kurz durchschwitzen lassen. Mit heißer Milch unter ständigem Rühren auffüllen, einige Minuten durchkochen lassen und würzen.

In eine mit Butter ausgestrichene ofenfeste Form etwas Sauce gießen, Cannelloni nebeneinander legen und mit Sauce bedecken. Zugedeckt (mit Aluminiumfolie) je nach Anweisung des Herstellers etwa 40 Minuten bei 200 °C (Gas Stufe 3) im Ofen backen. Mit Petersilieblättchen garniert servieren.

Cannelloni bedeutet so viel wie „große Röhren". Ob Hase, Reh oder Hirsch, alle Wildbretarten lassen sich für eine Füllung voller Geschmack verwenden. Wildbret, gut abgehangen, steht im Herbst und Winter frisch zur Verfügung. In der übrigen Zeit kann man tiefgefrorene Stücke nehmen. Durch das Einfrieren wird das Fleisch zudem etwas mürbe.

Krabben in Conchiglione

- **Je nach Größe etwa 20 Conchiglioni (Muscheln aus Hartweizengrieß)**
- **2 Frühlingszwiebeln**
- **1 Bund Dill**
- **50 g Butter**
- **20 g Weizenvollkornmehl**
- **ca. 200 ml Flüssigkeit (je ⅓ Brühe, süße Sahne und Milch)**
- **250 g vorbereitete Krabben**
- **Salz**
- **frisch gemahlener weißer Pfeffer**
- **einige Tropfen Worcestershiresauce**
- **20 g Butter für die Form**
- **40 g frisch geriebener Parmesan**
- **nach Belieben Dillzweige oder Salatblätter zum Garnieren**

Conchiglione in reichlich Wasser in etwa 8 bis 12 Minuten (je nach Größe) bissfest kochen. Kalt abspülen und zum Trocknen auf Küchenkrepp oder auf ein Küchentuch legen.

Währenddessen die Frühlingszwiebeln waschen, putzen und in Ringe schneiden, den Dill hacken. Etwas für die Garnitur zurückbehalten.

Die Butter erhitzen und die Zwiebelringe darin kurz andünsten. Mehl darüber streuen und einige Minuten durchschwitzen lassen, ohne dass es Farbe annimmt. Nach und nach mit Brühe, Sahne und Milch ablöschen. Mit einem Schneebesen gut verrühren, damit keine Klümpchen entstehen. Bei niedriger Temperatur und unter fortwährendem Rühren etwa 6 Minuten kochen lassen. Die Konsistenz der Sauce sollte ziemlich dick sein.

Danach Krabben und Dill zufügen, mit Salz, Pfeffer und Worcestershiresauce abschmecken. Diese Masse in die gekochten Muscheln füllen und nebeneinander in eine gut gefettete Auflaufform setzen. Den Backofen auf 200 °C (Gas Stufe 3) vorheizen, den Auflauf mit Parmesan bestreuen, mit Aluminiumfolie abdecken und etwa 8 bis 15 Minuten in den vorgeheizten Ofen stellen. Die letzten 3 bis 4 Minuten die Folie abnehmen.
Mit Dillzweigen oder Salatblättern dekorativ auf Portionstellern anrichten.

Der Name dieser Nudel leitet sich ab von *conchiglia*, Muschel. Für das hier vorgestellte Gericht wurde eine der größeren Formen ausgewählt. Sie lassen sich gut füllen. Die Kombination von Teigwaren und Meeresfrüchten ist so wohlschmeckend wie gesund und kann auch größeren Hunger stillen.

Nudelterrine und Spaghettitorte

Nudelterrine

(oben)

300 g	**Brokkoli**
2	**Karotten**
•	**Salz**
130 g	**grüne Bandnudeln (Fettuccine oder Tagliatelle)**
2–3 EL	**Gemüsebrühe**
4	**Eier**
150 ml	**süße Sahne**
•	**frisch gemahlener weißer Pfeffer**
•	**geriebene Muskatnuss**
•	**Butter für die Form**
3 EL	**Paniermehl**

Spaghettitorte

150 g	**Spaghetti**
2	**Zwiebeln**
450 g	**Lauch (Porree)**
45 g	**Butter**
1 ½ EL	**Vollkornmehl**
¼ Ltr	**Gemüse- oder Fleischbrühe**
¼ Ltr	**Milch**
•	**Salz**
•	**schwarzer Pfeffer**
•	**Muskatblüte (ersatzweise Muskatnuss)**
200 g	**gekochter Schinken**
3	**Eier**
•	**Butter für die Form**

Nudelterrine

Brokkoli und Karotten putzen. Die Karotten in dünne Scheiben schneiden, Brokkoli in Röschen teilen, Stiele in Scheiben schneiden. $\frac{1}{8}$ Liter Wasser erhitzen, salzen und das Gemüse in etwa 6 Minuten bissfest garen.

2 bis 3 Esslöffel Gemüsebrühe und die Nudeln zum Gemüse geben. Eier und Sahne verquirlen, salzen, pfeffern, mit Muskat abschmecken und über die Nudeln und das Gemüse geben.

Eine Terrinenform von etwa 20 Zentimeter Länge gut ausbuttern, mit Paniermehl austreuen und die Nudelmischung hineingeben. Mit Alufolie abdecken. Terrinenform in ein Wasserbad stellen. Das Wasser sollte nur bis etwa 3 Zentimeter unter den Rand der Form reichen. Im Wasserbad im auf 180 °C vorgeheizten Backofen etwa 1 Stunde garen. Oder in der Mikrowelle abgedeckt mit mikrowellengeeigneter Folie bei 360 Watt 20 Minuten garen.
Eine holländische Sauce oder auch eine Käsesauce passt ausgezeichnet dazu.

Spaghettitorte

Die Spaghetti in reichlich Salzwasser bissfest kochen, abgießen und beiseite stellen.

Zwiebeln schälen und hacken, Lauch gut säubern und in Ringe schneiden. Die Butter erhitzen, die Zwiebeln darin glasig werden lassen. Lauch dazugeben, 5 Minuten dünsten, mit Mehl überstäuben, kurz durchschwitzen und mit Brühe und Milch ablöschen. Würzen, 5 Minuten köcheln lassen.

Den Schinken in Streifen schneiden, zum Lauchgemüse geben und kurz mitköcheln. Vom Herd nehmen. Die Eier verquirlen, etwas von der Gemüsesauce zufügen, verrühren und dann zum Lauchgemüse geben.

Eine Keramiktortenform von 32 Zentimeter Durchmesser einfetten, mit Spaghetti auslegen. Das Lauchgemüse darauf geben und im vorgeheizten Backofen bei 200 °C etwa 20 bis 25 Minuten backen.

Makkaroni mit Auberginen

2	**mittelgroße Auberginen**
•	**Salz**
2	**mittelgroße reife Tomaten**
4 EL	**Olivenöl**
4	**Knoblauchzehen**
1 TL	**gehackter Thymian**
•	**Pfeffer**
350 g	**Makkaroni**
2 EL	**kaltgepresstes Olivenöl oder 30 g frische Butter**
100 g	**geriebener Käse**

■ Die Auberginen in 1 Zentimeter dicke Scheiben schneiden, diese vierteln und mit wenig Salz bestreuen. Etwas abtropfen lassen. Die Tomaten kurz in kochendes Wasser tauchen, häuten, quer halbieren und die Stielansätze entfernen.

■ Auberginen im Olivenöl hellbraun anbraten. Mit dem Bratwender etwas auspressen, damit das überschüssige Öl wieder austritt. Die Auberginenscheiben aus der Pfanne nehmen und auf Küchenkrepp legen.

■ Die Tomatenhälften in die Bratpfanne geben und im Auberginenöl leicht anbraten. Den Knoblauch schälen, durchpressen oder sehr fein zerkleinern und mit dem Thymian dazugeben. Mit Salz und Pfeffer abschmecken. Die Auberginen dazumischen. Noch kurz weiterschmoren.

■ Die Makkaroni in viel Salzwasser gar kochen, dann abgießen. Mit dem Olivenöl oder mit Butterflocken, mit etwas Salz und dem Käse mischen. Anrichten und das Auberginengemüse in die Mitte geben.

Ü ber alle Grenzen hinweg finden sich leckere Nudelgerichte. Dieser vegetarische Auflauf mit viel Gemüse heißt in seinem Herkunftsland, der Provence, *Macaronis aux aubergines*. In einer nicht überbackenen Variante gesellt sich zu den Makkaroni Ratatouille. Dafür wird das Gemüse – es kommen zu den hier angeführten Zutaten lediglich noch Zwiebeln hinzu – in kleine Würfel geschnitten.

Pizzoccheri

Zutaten für 6 Personen:

160 g	Buchweizenmehl
180 g	Weizenmehl
2	Eier
▪	Salz
ca. 200 ml	Milch
	oder 400 g vorgefertigte Pizzoccheri
600 g	Wirsingkohl oder auch Spitzkohl, Mangold oder Spinat
4	Kartoffeln
2–3 Bund	Salbei
5–6	Knoblauchzehen
ca. 500 g	Fontinakäse
▪	Butter für die Form
ca. 80 g	frisch geriebener Parmesan
▪	frisch gemahlener schwarzer Pfeffer
150 g	Butter

Aus den beiden Mehlsorten, den Eiern, etwa $1/2$ Teelöffel Salz und der Milch nach der Beschreibung von Seite 14 Bandnudeln herstellen.

Den Kohl, Mangold oder Spinat putzen, waschen und in feine Streifen schneiden. Die Kartoffeln schälen und in kleine Stücke schneiden. Salbeiblättchen hacken, den Knoblauch schälen und fein zerkleinern oder zerdrücken, beides beiseite stellen.

$4 1/2$ Liter Wasser zum Kochen bringen, etwa $1/2$ Teelöffel Salz, den Kohl und die Kartoffeln hineingeben und 5 bis 6 Minuten kochen. Die Bandnudeln zufügen und weitere 10 bis 12 Minuten kochen lassen.

Den Fontina in Scheiben schneiden, eine Auflaufform ausbuttern, den Parmesan reiben. Dann das Wasser abgießen, alles noch ein wenig salzen, pfeffern und lagenweise mit den Käsescheiben in die Form geben. Parmesan darüber streuen. Den Backofen auf 250 °C (Gas Stufe 5–6) vorheizen.

Die Butter in einer Pfanne erhitzen, Salbei und Knoblauch hineingeben, kurz durchdünsten, mit etwas Salz und Pfeffer würzen und über das Gericht geben. Den Auflauf 7 bis 12 Minuten in den vorgeheizten Backofen stellen, je nachdem, wie gebräunt Sie die Oberfläche haben wollen.

Von St. Moritz über den Berninapass gen Süden erreicht man das Veltlin, italienisch *Valtellina*. Von der Adda durchflossen, ist dieses lange, weit über 2000 Meter tief in die umgebenden Berge eingeschnittene, von West nach Ost verlaufende Tal klimatisch ähnlich begünstigt wie das Wallis oder der Vinschgau in Südtirol. So nimmt es nicht Wunder, dass hier berühmte Weine heranwachsen wie etwa der *Grumello*, *Inferno*, *Valgello* oder *Sassella*. Sie alle passen zu der nahrhaften, geschmackvollen Mahlzeit der Pizzoccheri, deren Zutaten sogar in der eher kargen Berglandschaft gedeihen oder hergestellt werden.

Lasagne aus der Emilia-Romagna

Für die Sauce:

25 g	Butter
25 g	Mehl
½ Ltr	Milch
150 g	Mascarpone
▪	Salz
▪	frisch gemahlener weißer Pfeffer
2 Msp.	Muskatblüte
100 g	Mortadella
100 g	Parmaschinken
1	Zwiebel
1–2	Knoblauchzehen
3 EL	Olivenöl
400 g	Lammhackfleisch
1 ½ EL	Tomatenmark
¼ Ltr	Hühner- oder Gemüsebrühe
¼ Ltr	trockener Rotwein
½ TL	getrockneter Oregano
1 Bund	glattblättrige Petersilie
10	Lasagneblätter (vorgefertigtes Produkt)
▪	Butter für die Form
30 g	frisch geriebener junger Parmesan

Tipp:

Wenn die Sauce nicht sofort verwendet wird, auf der Saucenoberfläche ein Stückchen Butter schwimmen lassen, so bildet sich keine Haut.

Für die Sauce die Butter erhitzen. Das Mehl einstreuen, durchschwitzen und nicht zu dunkel werden lassen. Nach und nach mit der Milch ablöschen und 5 Minuten köcheln lassen. Den Mascarpone einrühren und mit Salz, Pfeffer und Muskatblüte würzen.

Mortadella und Parmaschinken in dünne Streifen oder Stückchen schneiden und beiseite stellen. Die Zwiebel und den Knoblauch abziehen. Die Zwiebel fein würfeln, den Knoblauch zerdrücken oder sehr fein zerkleinern.

Das Olivenöl in einer weiten Pfanne erhitzen. Das Lammfleisch darin von allen Seiten anbraten. Die Zwiebel zufügen und kurz weiterbraten lassen. Das Tomatenmark und den Knoblauch zugeben, dann die Brühe und die Hälfte des Rotweins. Mit Salz, Pfeffer und Oregano würzen. Wenn die Flüssigkeit verkocht ist, den restlichen Rotwein zugießen. Etwa 25 bis 30 Minuten bei mäßiger Hitze kochen lassen. Die Flüssigkeit sollte fast ganz verkocht sein, dann vom Herd nehmen.

Die Petersilie waschen, trockentupfen, die Blättchen von den Stielen zupfen und hacken. Das gegarte Lammfleisch mit Mortadella, Parmaschinken und Petersilie mischen. Den Backofen auf 175 bis 180 °C vorheizen.

Eine feuerfeste, möglichst rechteckige Auflaufform mit Butter ausstreichen. Zuerst etwas Sauce in die Form gießen. Nun Lasagneblätter, Lammhack, weiße Sauce und Lasagneblätter wechselweise einschichten. Letzte Schicht sollte die weiße Sauce sein. Mit dem Parmesan bestreuen und für etwa 30 Minuten in den vorgeheizten Backofen geben. Köstlich schmeckt dazu grüner oder gemischter Salat.

In der Emilia-Romagna versteht man üppig und genießerisch zu speisen. Indiz sind drei weltberühmte Zutaten, die sich in dieser Lasagne auf das Beste vereinen: Die Mortadella, eine uralte Wurstspezialität aus Bologna, ist eine feine Mischung aus Schweinefleisch, Gewürzen, Knoblauch und Pistazien. Der *Prosciutto di Parma*, Parmaschinken, wird dank der Lufttrocknung in den Bergen des Apennin so delikat. Und den *Parmigiano Reggiano* zu rühmen, den wundervoll würzigen Käse, hieße Eulen nach Athen zu tragen.

Zweimal Nocken

Neapolitanische Nocken

Strangolapreti

500 g	**Kartoffeln, mehlig kochend**
▪	**Salz**
250 g	**Mehl**

Spinat-Nocken

Gnocchi casentinesi

500 g	**frischer oder 450 g tiefgefrorener Blattspinat**
3 EL	**Semmelbrösel**
400 g	**Ricotta oder sehr trockener Schichtkäse**
100 g	**Vollkornmehl**
100 g	**geriebener junger Pecorino**
4	**Eier**
▪	**Salz**
▪	**weißer Pfeffer**
▪	**geriebene Muskanuss**
80 g	**Butter**
100 g	**geriebener Pecorino zum Bestreuen**

Neapolitanische Nocken

Die Kartoffeln in Wasser oder im Schnellkochtopf mit der Schale garen. Solange sie noch heiß sind, schälen und durch die Kartoffelpresse drücken. 1 gestrichenen Teelöffel Salz dazugeben und das Mehl darüber sieben. Mehl und Kartoffeln mit einem Rührlöffel gut vermengen, bis der Teig nicht mehr klebt und sehr geschmeidig ist. 1/2 Stunde ruhen lassen.

Etwa 1 1/2 cm starke Rollen auf dem bemehlten Teigbrett formen. Davon halbfingerlange Stücke abschneiden und mit dem Daumen oder den Gabelzinken etwas flach drücken. Noch einmal 1/2 Stunde ruhen lassen, damit das Mehl gut bindet.
In kochendes Salzwasser einlegen und, wenn sie wieder oben schwimmen, mit dem Schaumlöffel herausnehmen und auf einer vorgewärmten Platte anrichten. Dazu passt wunderbar Tomatensauce mit Basilikum.

Als die „strangolapreti" oder „strozzapreti", die Pfaffenwürger, in Neapel noch aus Hirse ohne Eier geknetet wurden, mag's schon vorgekommen sein, dass diese Nahrung der Ärmsten den verwöhnteren Gaumen eines Priesters würgten. Sie waren viel weniger geschmeidig und angenehm zu essen als die anderen. Heute ist die Bezeichnung sicher nicht mehr zutreffend, obwohl sie in ganz Kampanien noch für alle Arten von Gnocchi gebräuchlich ist.

Spinat-Nocken

Den frischen Spinat putzen, Stängel abschneiden und die Blätter waschen. Abtropfen lassen und in einem Topf nur mit dem anhängenden Wasser zusammenfallen lassen. Abgießen und Spinat auf einem Haarsieb ausdrücken, den Spinatsaft dabei auffangen. Den Spinat fein hacken.

In einer Schüssel die Semmelbrösel mit 50 Milliliter Spinatsaft etwas befeuchten, gehackten Spinat, Ricotta oder Schichtkäse, Mehl, den jungen Pecorino, Eier, Salz, Pfeffer und Muskat dazugeben und sehr gut verkneten.

Mit 2 Esslöffeln walnussgroße Bällchen formen. In kochendem Salzwasser gar ziehen lassen. Mit geschmolzener Butter übergießen und mit dem restlichen Pecorino bestreuen.

Schwarze Knödel

Canederli neri

250 g	**Roggenbrot**
150 g	**Bauchspeck**
1/2	**Zwiebel**
1	**Knoblauchzehe**
1	**Lauchstange**
40 g	**Butter**
·	**Salz**
100 ml	**Milch**
50 g	**Buchweizenmehl**
5 EL	**geriebener Parmesan oder Graukäse**

Vom Roggenbrot Scheiben abschneiden und würfeln. Den Bauchspeck würfeln, die Zwiebel und die Knoblauchzehe abziehen und fein hacken, den Lauch waschen und in Scheiben schneiden. Bauchspeck, Zwiebel, Knoblauch und Lauch mit der Butter in einer Pfanne glasig dünsten.

Den Inhalt der Pfanne und die Brotwürfel in eine Teigschüssel geben, salzen und mit einer Mischung aus 100 Milliliter lauwarmem Wasser und der Milch befeuchten. – Es ist wichtig, nicht nur Milch zu nehmen, sie wird durch das Roggenbrot sonst leicht sauer. Die Schüssel zudecken und 1 gute Stunde durchziehen lassen.

In einem großen Topf Salzwasser zum Kochen aufsetzen. Die Knödelmasse mit Buchweizenmehl – am besten mit den Händen – kräftig vermengen und durchkneten. Den Teig etwas ruhen lassen, dann mit nassen Händen etwa tennisballgroße Knödel formen. Im siedenden Salzwasser auf kleiner Flamme in 20 bis 25 Minuten gar ziehen lassen.

Sie werden in Fleischbrühe gereicht, mit Schwarzwurzelgemüse oder mit Meerrettich, aber auf jeden Fall immer bestreut mit geriebenem Parmesan- oder Graukäse.

Knödel sind eine kulinarische Gemeinsamkeit der norditalienischen Regionen Südtirol und Trentino mit Bayern und Österreich. Sie tragen den zierlichen Namen „canederli", obwohl sich darunter von den kleinen Käsnocken bis zu ausgewachsenen Exemplaren von gut 10 Zentimetern Durchmesser eine Fülle von unterschiedlichen Sorten versammelt. Zum Beispiel Speckknödel, Tiroler Knödel, Hirnknödel, Leberknödel, Schwarzplentenknödel, Fastenknödel, Wirsingknödel, Semmelknödel und auch noch süße wie Topfen-, Zwetschgen- und Marillenknödel.

Gnocchi mit Gorgonzola

Gnocchi al Stracchin

Für den Teig:

- **1 kg** **Kartoffeln**
- **Salz**
- **2** **Eier**
- **frisch gemahlener Pfeffer**
- **geriebene Muskatnuss**
- **200 g** **Mehl**
- **100 g** **Gorgonzola (im Tessin: Stracchin)**
- **50 g** **Butter**
- **150 ml** **süße Sahne**
- **2** **Salbeiblätter**
- **40 g** **Sbrinz**
- **frisch gemahlener Pfeffer**

■ Für den Teig die Kartoffeln in der Schale in Salzwasser kochen, warm schälen und pürieren.
Die Eier aufschlagen, mit Salz, Pfeffer und Muskat würzen und unter die Kartoffelmasse mischen.

■ Nach und nach das Mehl dazugeben, bis ein fester Teig entsteht; abschmecken. Auf einem bemehlten Brett oder Tisch lange, nicht zu dicke Rollen formen. In kleine Stücke schneiden und auf einer Speisegabel abrollen. 1/2 Stunde ruhen lassen.

■ Den Gorgonzola oder Stracchin in Würfelchen schneiden.
Nach der Ruhezeit die Gnocchi in Salzwasser portionenweise pochieren. Wenn sie auf der Oberfläche schwimmen, mit einer Schaumkelle herausnehmen.

■ Die Butter in einer Kasserolle schmelzen, die Gorgonzolawürfel beifügen, mit einem Holzlöffel gut durchrühren, mit Sahne auffüllen und aufkochen lassen.
Den Salbei schneiden, den Sbrinz reiben, beides zur Gorgonzolasauce geben und mit Pfeffer abschmecken. Die Kartoffelgnocchi mit der Sauce vermischen und sofort servieren.

U rsprüngliches, einfach Bodenständiges zuzubereiten, zu essen und zu trinken, wird im Malcantone im Südschweizer Kanton Tessin noch gepflegt. Mit dieser mancherorts so selten gewordenen Kunst kann man in den vielen *Grotti, Ristoranti* und *osterie* bei Gnocchi al Stracchin und unverfälschtem Landwein Bekanntschaft und Freundschaft schließen.

Teigtaschen mit Mangold gefüllt

Für die Füllung:

2 kg	Mangold
ca. 1 EL	Salz
2 Bund	Frühlingszwiebeln
▪	Pfeffer
200 ml	Öl
200 g	getrocknete Muskattrauben oder Rosinen

Für den Teig:

1 kg	Mehl
200 g	Schweine- oder Butterschmalz oder entsprechendes Pflanzenfett
2	Eigelb
150 g	Puderzucker
100 ml	Orangensaft
100 ml	Wasser

Für die Füllung: Mangold in Streifen schneiden, einsalzen, kurz ziehen lassen und alles Wasser herauspressen. In eine Schüssel geben, die geputzten und klein geschnittenen Frühlingszwiebeln zufügen, mit Pfeffer würzen, Öl darüber gießen und mischen. Die Trauben von den Stängeln zupfen.

Für den Teig: In zwei Drittel des Mehles eine Mulde machen. Das Schmalz in einem Topf schmelzen. Das Eigelb mit dem Puderzucker und Orangensaft verrühren, in die Mehlmulde geben, das lauwarme, flüssige Schmalz dazugießen. Gut durchkneten und nach und nach Wasser und restliches Mehl (mehr oder weniger) einarbeiten, bis der Teig gut formbar ist. Dabei die Finger in Öl tauchen, damit der Teig nicht festklebt. Eine Kugel formen, 10 Minuten ruhen lassen.

Jeweils etwa 100 Gramm des Teiges 3 Millimeter dick ausrollen, dünne Stellen vermeiden. In die Mitte 2 Esslöffel Gemüse und etwa 5 Trauben oder Rosinen geben. Ränder von zwei Seiten hochklappen und gut zusammendrücken, sodass ein Kamm entsteht. Über den Zeigefinger einrollen und eine Verzierung eindrücken. Im auf 150 °C (Gas Stufe 1–2) vorgeheizten Backofen circa 1 Stunde backen. Nach 30 Minuten mit einer Gabel Löcher einstechen. Das Rezept ergibt ungefähr 12 Stück.

Mit Maultaschen oder ihren kleineren italienischen Verwandten haben diese großen mallorquinischen Teigtaschen wenig gemein. Allenfalls die Fülle. Auf der Insel heißen sie *cocarrois*, und dies bedeutet Mehlkuchen. Doch hinter diesem bescheidenen Namen verbirgt sich eine wahre Köstlichkeit, gefüllt mit herbem Mangold und saftigen Muskattrauben, die sich gut durch Rosinen ersetzen lassen.

Nudelpudding

1 Liter	Milch
50 g	gemahlene Mandeln
·	abgeriebene Schale von ½ unbehandelten Zitrone
2–3 EL	Zucker
1 Tüte	Vanillezucker
1 Prise	Salz
3	Eier
1 TL	Weizenmehl
100 g	Fadennudeln
·	Johannisbeergelee nach Belieben

■ Die Milch mit den Mandeln, mit Zitronenschale, Zucker, Vanillezucker und Salz aufkochen.
Die Eier trennen, Eiweiß beiseite stellen. Eigelb mit dem Weizenmehl verrühren und langsam, abwechselnd mit den Fadennudeln, dazugeben. Alles etwa 8 Minuten kochen lassen, bis die Nudeln weich sind. Eiweiß zu Schnee schlagen und die Hälfte unter die Masse heben. Alles in eine Schüssel füllen und erkalten lassen, aber nicht stürzen.

■ Die andere Hälfte des Eischnees wird mit dem Johannisbeergelee vermischt und dient der Verzierung und Verfeinerung des Puddings.

Nudeln süß – das ist nicht nur etwas für Kinder. Es gibt allerlei Rezepte für diese schon etwas ungewöhnliche Geschmacksrichtung. Eine ganz einfache Nachspeise gibt es öfters bei uns, wenn ein Rest Nudeln – bevorzugt breite – noch warm lediglich mit braunem Zucker bestreut wird. In einem extra Schälchen Kompott dazu: Fertig ist der Hochgenuss für alle kleinen und großen Leckermäuler.

Weitaus aufwändiger ist ein **Nudelauflauf** in süßer Variante zu bereiten, wie er beispielsweise in Ungarn bekannt ist: Beim Kochen der Nudeln sollten Sie das Wasser nicht salzen. Eine süße Béchamelsauce aus Butter, Milch, Mehl gehört dazu, die mit Eiern, Nüssen, Zitronenschale und etwas Zucker und Vanillezucker den gewünschten Geschmack erhält. Und damit der Auflauf Substanz und Festigkeit bekommt, bereitet man eine Masse aus Milch, gemahlenem Mohn, Zimt und Puderzucker zu. Das Ganze wird im Backofen bei 180 bis 200 °C in rund 40 Minuten zu einer habhaften Speise ganz in der Tradition der guten österreichisch-ungarischen Mehlspeisen.

Süße Maultäschle

Für den Nudelteig:

280 g	Mehl
2	Eier
2	Eigelb
1 Prise	Salz
1 ½ EL	Öl
2 EL	lauwarmes Wasser

Für die Füllung:

100 g	Butter
40 g	Zucker
▪	Saft und abgeriebene Schale von ½ Zitrone
3	Eigelb
2 cl	Kirsch- oder Zwetschenwasser
400 g	Quark
je 40 g	fein gewürfeltes Orangeat und Zitronat
1 EL	Passionsfruchtsirup

Zum Bestreichen:

1	Ei

Für die Fruchtsauce:

250 g	Erdbeeren
1 EL	Puderzucker
4 cl	Cointreau

Zum Bestreuen:

▪	brauner Zucker

Zur Dekoration:

▪	einige Melisseblättchen

Für den Teig: Mehl auf eine Arbeitsfläche sieben und eine Mulde hineindrücken. Eier, Eigelb, Salz, Öl und Wasser hineingeben, zu einem geschmeidigen Nudelteig kneten und ruhen lassen.

Für die Füllung: Zimmerwarme Butter und Zucker schaumig rühren. Zitronensaft und -schale, Eigelb, Obstwasser, Quark, Orangeat, Zitronat und Passionsfruchtsirup zufügen. Die Masse glatt rühren und ½ Stunde zum Durchziehen stehen lassen.

Inzwischen den Nudelteig dünn zu einem schmalen Rechteck ausrollen. Das Ei verquirlen und den Teig damit bestreichen.

Die Füllung am besten in einen Spritzbeutel mit Lochtülle füllen. In Abständen kleine Häufchen auf eine Längshälfte der Teigplatte spritzen. Mit der anderen Teighälfte zudecken und die Zwischenräume festdrücken. Kleine Maultaschen ausstechen oder ausrädeln.

In siedendes, nur leicht gesalzenes Wasser legen und etwa 3 Minuten gar ziehen lassen. Herausheben und gut abtropfen lassen.

Für die Sauce: Die Erdbeeren pürieren, mit Puderzucker mischen und durch ein feines Sieb streichen. Das Püree mit Cointreau aromatisieren und auf Portionsteller geben.

Die Maultäschle mit braunem Zucker bestreuen und auf dem Fruchtpüree anrichten. Mit den Melissenblättchen dekorieren.

Soweit in den Rezepten nicht anderes vermerkt ist,
sind die Zutaten für vier Personen berechnet.

Bildquellen: alle Bilder Sigloch Edition Bildarchiv. Blaufelden

© Sigloch Edition, Am Buchberg 8, D- 74572 Blaufelden
Internet: www.sigloch.de
Bildarchiv Internet: www.sigloch-edition-bildarchiv.com
Nachdruck verboten. Alle Rechte vorbehalten. Printed in Latvia
Satz und Gestaltung: Peter Hensel, P.H.Design
Druck: Preses Nams Corp. Jana Seta Printing Group
Papier: 150 g/m² nopaCoat matt, Nordland Papier AG, Dörpen
ISBN : 3-89393-217-8